Alain Montandon
*Der Kuß*

# Alain Montandon

# Der Kuß

Eine kleine Kulturgeschichte

Aus dem Französischen von Sonja Finck

Verlag Klaus Wagenbach   Berlin

Die französische Originalausgabe erschien 2005 unter dem Titel *Le Baiser* bei Editions Autrement, Paris.

Wagenbachs Taschenbuch 549
Deutsche Erstausgabe

© 2005 Editions Autrement, Paris
© 2006 für die deutsche Ausgabe:
Verlag Klaus Wagenbach, Emser Straße 40/41, 10719 Berlin
Umschlaggestaltung Julie August, Berlin. © Autorenphoto privat
Reihenkonzept Rainer Groothuis. Das Karnickel auf Seite 1 zeichnete
Horst Rudolph. Vorsatzmaterial von Schabert, Strullendorf. Gedruckt und
gebunden bei Pustet, Regensburg.
Printed in Germany. Alle Rechte vorbehalten.

ISBN-13: 978 3 8031 2549 1
ISBN-10:    3 8031 2549 9

# Inhalt

# Auf weiche Küsse(n) gebettet
## Vorwort

Das deutsche Wort »Kuß« und das englische »kiss« klingen beide auf Anhieb nicht gerade zärtlich, eher nach zärtlichem Anhieb. Legt man sie volksetymologisch zusammen und denkt an »Kissen«, wird es schon besser. Schließlich schrieb man die weiche Unterlage noch in der Goethezeit »Küssen«. Auf weiche Küsse(n) gebettet: wer möchte das nicht sein? »Küsse, die man stiehlt im Dunkeln und im Dunkeln wiedergibt«, hat Heinrich Heine besungen und zweifellos selber gestohlen und gegeben, und ebenso verfuhr wohl Goethe mit seinen Liebchen oder Mieselchen. Aber das eine ist natürlich der wirkliche Kuß, das andere jener auf dem Papier. Oder etwa nicht? Eine Medienphilosophie, die ihren Namen wirklich verdiente, müßte den Satz widerlegen. Sie müßte zeigen, wieviel der schriftlich oder telefonisch oder filmisch gut vorbereitete Kuß an Genußhöhe gewinnt. Eben solch eine Präparierung kann unser vorliegendes Buch leisten, und umso besser, da es von einem Franzosen stammt und einem der besten Kenner der europäischen Umgangsformen. Wir verdanken Alain Montandon ein gewichtiges Handbuch der Zivilität und einschlägige Beiträge zur Kulturgeschichte von Pierre Nora, die unter dem Titel *Lieux de mémoire* Furore gemacht hat. »Erinnerungsorte«, wie hier für die französische Kultur insgesamt entworfen, gibt es natürlich vornehmlich im Umgang der Körper untereinander, aber der liebenden allemal und ganz besonders. Dabei sind es beileibe nicht nur die Augen oder die Körperformen oder der Geruch oder die Bewegungen eines anderen Menschen, an die wir uns erinnern, wenn wir sie nicht mehr um uns haben und doch gerne hätten.

Küsse sind unter allen amourösen Erinnerungsorten die erstaunlichsten. Immer vorausgesetzt, die zwei Küsser haben küssen gelernt und geübt. Denn Lernen und Üben ist für den Liebeskuß ganz unerläßlich, schon unser berühmtes Beispiel aus der Antike legt darauf größten Wert: »Er küsse mich mit dem Kuß seines Mundes« übersetzt Luther den ersten Vers vom Lied der Lieder, vom Hohelied Salomos. Ein Virtuose muß dieser angebetete Liebesprinz gewesen sein, dem die schöne Schwarze hier eine eigene Kußmarke zulegt, dieser Küsser bleibt unvergeßlich, will sie damit ja sagen. Und im Schreiben und Besingen erinnert sie an den Genuß, teilt ihn mit und läßt andere daran teilnehmen.

Geküßte, besungene, beschriebene, gemalte und gefilmte Küsse sind ein Weltreich für sich. Montandon konzentriert sich mit Recht auf den romanischen Kontinent. Schließlich hat selbst Billy Wilder seine *Liebe am Nachmittag* (1957) mit einer Etüde über den französischen Kuß eröffnet, mit der Botschaft: Diese Pariser küssen zu Wasser und zu Lande, sie küssen einfach überall – und überall hin. Paris hin oder her, Küsse gibt es natürlich nicht nur zwischen Liebenden. Wer küßt, erinnert mit dieser Gebärde vielmehr an einen ganzen Hof von Bedeutungen, denn sie stiftet neben der physischen auch eine semantische Synapse. Man denke nur an die Friedensküsse unter Königen, an kniefällige Handküsse vor Päpsten, an Verzweiflungs- und Leidenschaftsküsse auf Kreuze, Bilder und Reliquien aller Art. Ein rituelles Ensemble aus unserer Kulturgeschichte, das sich sogar auf intime Beziehungen, familiäre und bürgerliche Szenen übertragen läßt: auf den Elternkuß, den Versöhnungskuß, den besiegelnden Kuß vor dem Standesamt und so fort. Das berühmteste deutsche Konversationslexikon des 18. Jahrhunderts – Montandons Lieblingsjahrhundert –, das Zedlersche, hat unter dem lateinischen »osculum« eine ganze Latte von Bedeutungen notiert, als da sind: das Osculum religiosum, nocivum, fatuum, adulatorium, simulatorium, valedictorium, proditorium, reconciliatorium. Vor allem aber: das Osculum sincerum, also der echte Kuß. »Osculum, ein Kuß, Franz. Baiser, ist ein liebreiches oder ehrerbietiges Berühren einer Person oder eines Dinges mit dem Mund.« Rund 150 Jahre später klingt die Sache dann auf deutsch leider weit weniger reizvoll: »Kuß, Das Aufdrücken der Lippen auf irgendeinen Gegenstand und namentlich auf den Mund einer andern Person als Zeichen der Freundschaft, Achtung und Liebe, eine vielen Völkern, z.B. auch Chinesen und Japanern, unbekannte Gefühlsäußerung ...« steht beim ebenso berühmten Meyerschen Konversationslexikon von 1906, dazu die Ermahnung: »Gegen das hygienisch nicht unbedenkliche Küssenlassen der Kinder hat sich in neuerer Zeit eine Anti-Kußliga gebildet ...«

Der Kuß, sagt hingegen Montandon, ist nicht nur wollüstig und köstlich, hat nicht nur Liebesbotschaften und einen semantischen Hofstaat, in dem alle einträchtig nebeneinander schnäbeln. Er ist von Grund auf ambivalent. Es gibt im christlichen Abendland den Kuß des HERRN – aber auch dessen Erwiderung durch Judas. Es gibt den Erweckungskuß für Dornröschen – aber es gibt auch in derselben Trivialecke den Kuß des Vampirs. Unmöglich also, den Kuß philosophisch eindeutig zum Liebesakt zu erklären. Was aber zugleich die Sache theoretisch sehr reizvoll macht. Der Kuß ist körperliche Berührung, doch auch der zarteste Handkuß kann unversehens die Wucht einer sexuellen Initiation entfalten oder eines existenziellen Exitus, wie beim Abschiedskuß. Der erste und der letzte Kuß – was für Romane sind damit gelebt und darüber geschrieben worden! Oder dann auch der Überraschungskuß der routinierten Verführer, wir denken an Casanova oder an den berühmt unerwünschten Kuß, den Madame gefälligst zurückgeben soll, oder überhaupt an all die ver- und gestohlenen Küsse irgendwohin. Und das ist dann nur die eine Registerreihe der Liebesorgel. Eine andere berührt die Sehnsucht

9

nach Transzendenz, nach Auslöschung des Körpers im Kuß-akt selber, sofern er nicht nur flüssige Nahrung, sondern auch Luft ist, Atem, nein Odem Gottes, Schöpfergebärde: Pygmalion redivivus. Ein Fest der Erinnerung also – jedenfalls für gebildete Leute. Aber doch auch ein Leitfaden fürs Denken. Was Sartre in seinen ellenlangen Liebesanalysen von Blick und Tasthandlung sagt, daß die Liebenden sich in der Berührung aus Fleisch in Leib umschaffen, hätte er schöner und kürzer am Leitfaden des Kusses bemerken können.

Überhaupt: die strenge Philosophie. Was für ein Glück, daß Montandon nichts davon wissen will, daß er sich auf die Subtilitäten und Multituden der getätigten Küsse einläßt. Denn, kaum zu glauben, so zentral der Kuß für jeden eroti-schen Lebenslauf ist, im gigantischen Fundus der europä-ischen Liebesphilosophie kommt er praktisch nicht vor. Ein Skandal? Ein noch ungenügend verstandener Tatbestand? Man sucht vergebens in den Schriften von Platon bis zu Roland Barthes, von Spinoza bis zu Buber, gar nicht zu reden von Kant, Schopenhauer und Nietzsche, diesen unpraktischen Junggesellen und Nicht-Liebhabern. Aber selbst die ergriffen-sten Liebhaber unter den Denkern wie Max Weber oder Bertrand Russell oder Heidegger lassen sich denkerisch nicht zu dieser seligen petitesse herab; schließlich sind sie ja keine Historiker oder Ethnologen, müssen also keine Gebärden sammeln. Montandon hat aber auch recht, wenn er die deutschen Schriftsteller weitgehend links liegen läßt. Denn wie steht's mit der Kußbilanz bei Fontane, Thomas Mann, Kafka, Brecht oder Benn?

Der Kuß im theoretischen Denken – eine nicht nennens-werte Lappalie? Aber nein. Der Kuß, kann man vermuten, fehlt im säkularen Denkraum, weil der Blick ihn vertrieben hat. Seit Platon geht eben die abendländische Liebe durchs Auge statt durch Nase, Mund und Magen. Dabei regieren hier im blinden Bezirk von Oralität und Kulinarik die viel älteren

Sinne Geschmack und Tastgefühl, und sie regieren weit strenger als der prüfende Blick. Schließlich muß der Mund gut schmecken, gut riechen, von zugleich fester und saftiger Konsistenz sein. Münder mit Bärten fallen weitgehend weg; Knoblauch ist nur etwas für die Spezialisten, verrauchte Münder – für Goethe ein Greuel. Alles erzielbar nur durch die Lebensweise und nicht durch Schminke; Betrug ist kaum möglich.

Und noch ein gewaltiger Unterschied zwischen Mund- und Augenliebe. Anders als die Blickkultur erlaubt die des Kusses ja keine Einseitigkeit. Küsse ins Leere hinein sind nur traurig – aber der unerwiderte Blick entzückt den Voyeur geradezu. Ambivalenz herrscht aber selbst dort, wo eindeutig aus Liebe geküßt wird. Denn was tun wir dabei eigentlich? Berührung ist doch ein zu schwacher Ausdruck. Viele Autoren reden vom »Trinken« oder gar »Essen« des Andern wie in kaum verhüllter kannibalischer Lust. Andere reden im Gegenteil vom Füttern des Gegenübers, nach dem Vorbild mancher Tiereltern, vor allem der Vögel. Wer küßt, atzt. Oder stimmt eher: Wer küßt, frißt? Hatte Freud recht, der den Kuß ein gehemmtes Fressen nennt – so wie das Lachen ein gehemmtes Zähnefletschen?

Eine Semantik, die so gegensätzliche Welten verklammert, nennt man in der Musik »enharmonisch«. Ein und derselbe Ton führt je nach harmonischer Durchführung von der einen zur andern Tonart, nicht anders als eine Schwelle sowohl ins Haus als auch aus ihm heraus führt. Und was hat mehr Schwellencharakter als der Mund. Reden wir nicht von den trivial anmutigen »schwellenden Lippen«, es genügt schon, die leise Übergangsregung vom geschlossenen zum eröffneten Mund zu bedenken. Im Kuß, könnte man sagen, wird der Mund enharmonisch gestimmt. Selbst wenn unser nationales Liebesmusikdrama, Wagners *Tristan*, nicht ausdrücklich Küsse vorsieht, arbeitet es dennoch an dieser Stimmung. Es wird eine unvergleichliche Schwelle erbaut, ein liminaler Bezirk mit frommen Rück- und unheiligen Absichten.

Wer immer einen Erinnerungsort ausdrücklich zur deutschen Kultur des Kusses schriebe, könnte freilich behaupten, daß wir vor 1870 an dieser Schwelle noch recht eindrucksvoll gearbeitet haben. Erinnern wir uns doch an die großen und hochberühmten Küsser Goethe und Heine. Der eine küssend auf dem Diwan zwischen Ost und West, der andere küssend zwischen Juden und Christen. Und über beiden der furchtbare Heinrich Kleist mit seiner Penthesilea, die nicht mehr zwischen Küssen und tödlichen Bissen zu unterscheiden wußte.

Zweihundert Jahre sind seither vergangen. Für den Kuß auf der Bühne wie im Roman waren es nach der Romantik keine guten Jahre; wohl aber für den Kuß im Bild. Ein paar Jahre nach dem berühmten *Kuß* von Auguste Rodin (1889) und nur ein Jahr nach Erfindung des bewegten Bildes (1895), sahen die Kinogeher den ersten Leinwandkuß. Das war im Jahr 1896, und seither hat das Küssen im Film natürlich ganze Legenden und eigene Benimmregeln hervorgebracht, man denke nur an die Hollywood-Prüderien. Daß die Gebärde dennoch nichts von ihrer politischen Grundierung verloren hat, daß sie sogar zum Erinnerungsort sui generis werden kann, zeigte sich unlängst bei der Vorstellung des neuen Holocaust-Mahnmals für Homosexuelle in Berlin. In einem Betonkubus sieht man im Bild zwei Männer einander küssen. Eine Schwarzweißprojektion verwandelt ihr bewegendes, ihr sehnsuchtsstillendes Tun zurück ins stille Bild, zur Erinnerung auf Dauer.

*Claudia Schmölders*

# Mund-Propaganda

Was ist ein Kuß? Ein einfaches Muskelspiel der Lippen oder eine zärtliche Liebkosung, die Trunkenheit eines melonensü-ßen Mundes, wie Verlaine in seinem Gedicht schreibt?

> O Kuß, du Malve in dem Hain der Zärtlichkeiten!
> Begleitung auf der Tastatur von hellen Zähnen
> zum sanften Kehrreim, den die Liebe singt voll Sehnen
> mit ihrer Engelsstimme in des Herzens Weiten.[1]

Ist es nicht zugleich erstaunlich und wunderbar, mit welcher Intensität eine einfache Berührung der Lippen unser Seelenleben, unsere flüchtigsten Empfindungen und unsere mannigfaltigsten Gefühle ausdrückt?

Zunächst handelt es sich beim Küssen um eine rein körperliche Erfahrung. Haut, die sich berührt, vermag zu beleben und die Sinne zu schärfen. Man schmeckt den anderen und spürt das eigene Begehren. Die Berührung geschieht jedoch nicht nur im konkreten, sondern auch im übertragenen Sinn. Ein Kuß läßt das Herz höher schlagen und spricht, auch wenn er nicht ausschließlich symbolischer Natur ist, eine wortreiche Sprache. Wie Tränen, Gesten, Seufzer und Schluchzer ist der Kuß Teil eines so komplexen Zeichensystems der Gefühle, daß Mehrdeutigkeiten, Irrtümer, Mißverständnisse und Verwirrungen unvermeidlich sind.

Wir wissen niemals, ob wir einen Kuß geben oder bekommen. (»Um Himmels Willen, Mademoiselle, erzürnet nicht! Wenn dieser Kuß euch nicht genehm ist, gebt ihn mir zurück.«) Ebensowenig, ob er eine Liebkosung oder ein Biß ist.

Sicher ist nur, daß man empfänglich für ihn sein muß. Es ist allerdings paradox, daß ein derart körperlicher Vorgang eine durch und durch körperlose Reaktion hervorrufen kann.

Die Römer unterschieden zwischen *oscula*, ritualisierten Küssen, *basia*, Küssen der Zuneigung, Freundschaft und Liebe und *suavia*, erotischen Küssen. Diese Kategorisierung ist natürlich alles andere als erschöpfend. Es gibt den Kuß der Mutter, den des Geliebten, den des Freundes, den, den man bei Zeremonien gibt oder empfängt, es gibt Begrüßungsküsse und Küsse der Ehrerbietung, Küsse bei Spielen und eine ganze Reihe weiterer Formen, die von einer gleichgültigen, mechanischen Geste bis zur gegenseitigen bedingungslosen Hingabe, zur körperlichen Vereinigung reichen (die so intim ist, daß manche Frauen, die ihren Körper verkaufen, grundsätzlich nicht küssen, da der Kuß für sie den tiefsten, persönlichsten und innigsten Austausch zwischen zwei Menschen darstellt). Man küßt Heiligtümer, den Altar, die Stola, Reliquien, Statuen, die Schwelle zum Tempel sowie flehentlich die Knie (denen einst eine geheimnisvolle Kraft zugeschrieben wurde, die Plinius in seiner *Naturgeschichte* durch einen sich angeblich dort befindenden Hohlraum erklärte). Man gibt den Toten einen letzten Kuß, man küßt die Hand des Großvaters, man wird wach und von der Muse geküßt. Jeder Kuß ist eine eigene Welt, die es zu entdecken, zu verstehen und auszukosten gilt.

Im folgenden möchte ich den verschiedenen Bedeutungen und Spielarten des Kusses in der westlichen Gesellschaft nachgehen. Denn der Kuß (das Zum-Mund-Führen) ist eine zugleich archaische und hochgradig kulturelle Handlung. Seine soziale und erotische Dimension ist in der Literatur und Kunst vielfach in Worte gekleidet oder in Bilder und Skulpturen umgesetzt worden, die unzählige Bedeutungen und Lehren vermitteln. Es scheint mir daher aufschlußreich, die verschiedenen Funktionen des Kusses in individuellen und gesellschaftlichen Beziehungen zu untersuchen und ein besonderes Augenmerk auf seine unterschiedlichen Formen zu legen. Im Grunde soll eine Antwort auf die häufig gestellte Frage gefunden werden, »warum das Aufeinanderpressen von Körperöffnungen, die jeglichen Geheimnisses entbehren und deren primärer Zweck die Nahrungsaufnahme und das Sprechen ist, Liebende in eine solche Ekstase versetzt, seien Gebiß und Hygiene auch mangelhaft?«[2]*

Beim Küssen tauschen wir Speichel und Atemluft aus, wir atmen den Luftstrom des Partners ein, der den Lebensatem symbolisiert. (»Küsse mich, kose mich, herze mich / Atem an Atem, wärme mein Leben«, dichtet Ronsard.) Denn der Kuß ist eine Begegnung von Körper und Seele. Der Philosoph und Soziologe Edgar Morin, der sich unter anderem mit dem Kino und seinen Filmstars beschäftigt, schreibt: »Der Kuß ist nicht nur der filmische Ersatz der von den Zensoren verbotenen körperlichen Vereinigung, in ihm begegnen sich auch Eros und Psyche: In der archaischen Mythologie ist der Atem der Sitz der Seele; andererseits befindet sich die primäre, mit Absorption und Assimilation verbundene Sensualität im Munde. Der Kuß auf den Mund ist ein Akt doppelter anthropophagischer Konsumtion, ein Akt der Absorption fleischlicher Substanz und ein Akt des Seelenaustauschs; der Kuß ist Vereinigung und Kommunikation von Psyche und Eros.«[3] Aus diesem Grund soll hier sowohl von der geistigen Dimension des Kusses (die Petrarca so meisterhaft in seinen Gedichten besingt) als auch von der körperlichen Dimension die Rede sein (Cary Grant, der legendäre Schauspieler, der als ein Experte in die-

---

*Hier und im folgenden sind sämtliche nicht anders gekennzeichneten Textstellen von Sonja Finck übersetzt.

ser Praxis galt, beschrieb den Kuß einmal als »Aufeinander-treffen zweier Ringmuskeln im Zustand der Kontraktion«).

Ich möchte die Vielfalt dieser Geste unterstreichen, die diverse Formen annehmen kann, zunächst einmal in sprachlicher Hinsicht: der Kuß, das Küßchen, der Schmatzer, der Knutscher. Zudem kann ein Kuß völlig unterschiedliche Bedeutungen haben: Es gibt den Kuß des Kannibalen und den Kuß als »Liebesmahl«, den ersten und den letzten Kuß, den lebensspendenden und den todbringenden Kuß, den Kuß als Versprechen (unter vier Augen und vier Lippen), den Kuß des Vampirs, den Liebeskuß und den Judaskuß, den Handkuß, Ausdruck von Höflichkeit und gutem Benehmen, den leidenschaftlichen Kuß, die heißen Küsse der Romantiker, den Kuß als Biß (Baudelaire) und den Kuß als Stich (in James Barries *Peter Pan* [4]), den züchtigen Kuß (wie ihn Eugénie Grandet in dem gleichnamigen Roman von Balzac ihrem Cousin gibt) und Praktiken wie Cunnilingus und Fellatio (die die Grenze dessen überschreiten, was wir gemeinhin unter Küssen verstehen). Zudem mangelt es dem Kuß nicht an Attributen, die seine unzähligen Erscheinungsformen näher beschreiben: Man spricht von süßen, sanften, zärtlichen, liebevollen, verliebten, genußvollen, sinnlichen, köstlichen, beglückenden, bezaubernden, wunderbaren, gierigen, betörenden, hitzigen, stürmischen, glühenden, heißen, feuchten, feurigen, unzüchtigen, keuschen, schüchternen, vorsichtigen, verstohlenen, geraubten, heimlichen, entzückten, schnellen, ungestümen, langen, wiederholten, kalten, eisigen, erzwungenen, heimtückischen, verräterischen, groben, erdrückenden, widerwärtigen, stinkenden, geifernden, leidenschaftlichen, etc. Küssen. Denn schließlich führt ein Kuß zum anderen, und sei er nun lebenspendend oder todbringend [5], ein Kuß ist in jedem Fall ein Austausch und ein Geschenk.

Es ergeben sich zwei grundlegende Perspektiven: Einerseits ist der Kuß ein Ritual, eine Möglichkeit, in Kontakt zu treten, sich zu begrüßen, einander Respekt zu zollen oder Unterwürfigkeit und Gehorsam auszudrücken. Damit ist er ein zeremonieller und sozialer Akt von hoher symbolischer Bedeutung, eine jener performativen »Gesten«, die mit Sprechakten vergleichbar sind und die verbale Kommunikation ersetzen. Andererseits ist diese soziale Sprache, sei sie nun familiär, politisch oder religiös, immer auch eine private Sprache, die zwischen Zärtlichkeit und Sexualität hin- und herpendelt. Wenn in der Literatur vom Kuß die Rede ist, werden stets auch Körperteile genannt – der Mund, die Lippen, die Zunge, die Zähne –, was ein Hinweis auf seine körperlich-sinnliche Dimension ist. Daher werde ich die diversen Bilder, Metaphern und Synästhesien, die das Lippenspiel und die damit verbundenen Empfindungen beschreiben, näher beleuchten. »Tiefer Kuß. Der Atem, die Zunge, der Pfirsichgeschmack, der Duft nach Heu«, schreibt Philippe Sollers.[6]

Ich habe anhand von Beispielen aus der Literatur und gelegentlich der Malerei eine kleine Phänomenologie des Kusses zusammengestellt: Küsse im Regen oder im Dunkeln, zu Pferd, zwischen Tür und Angel, verwehrte, vergessene, heimliche, erzwungene oder gestohlene Küsse. Der Kuß verändert sich, je nachdem, welche Erzählung sich um ihn rankt. Er ist wie ein Echo, das uns in romantischen Augenblicken entgegenschallt und den Körper in helle Aufregung versetzt.

# Der Kuß: Geschichte eines Rituals

Wie jede menschliche Handlung ist der Kuß, auch wenn er uns natürlich erscheint, in hohem Maße kulturell geprägt. In seiner üblichen Form, wie wir sie im Westen kennen, war er den Bewohnern Afrikas, Amerikas, Ozeaniens und Australiens unbekannt. Auch in China und Japan war er ganz und gar unüblich. Der französische Ethnologe Paul d'Enjoy [7] schilderte die Abscheu und den Schrecken der Chinesen, als sie beobachteten, wie sich die Europäer auf den Mund küßten, weil ihnen das eine Form von Kannibalismus zu sein schien. So wie das Nasereiben der Madagassen die Europäer amüsierte, reagierten viele Völker mit Unverständnis und Spott auf den westlichen Kuß.

Dennoch gab es den Kuß bei vielen Völkern, auch wenn er als eine äußerst intime Handlung galt, bisweilen intimer als der Koitus. Aus diesem Grund war seine Ausführung in der Öffentlichkeit tabuisiert. Die Obszönität, die dem Kuß zugeschrieben wurde, erklärt den diskreten Umgang der Einheimischen, der so manchen Ethnologen getäuscht hat. Viele Bewohner Afrikas empfanden den Kuß als abstoßend, wofür es zwei mögliche Erklärungen gibt. Zum einen entbehrten die Lippen beispielsweise in Guinea jeglicher erotischen Konnotation, was eine Erklärung für das Befremden der Einheimischen in der Hauptstadt Conakry sein mag, die auf der Leinwand verfolgten, wie der Held und seine Schöne sich nicht enden wollenden Küssen hingaben, anstatt direkt zum Sexualakt zu schreiten. (Diese Erklärung erstaunt allerdings, da der Mund ein Organ ist, das mit tiefen und äußerst archaischen Empfindungen verbunden ist.) Zum anderen gab es gewisse Bräuche, die dem Küssen im Weg standen. Das Dehnen der Lippen mit Holzscheiben, das Durchstechen der Unterlippe und das Kauen von Betel, wodurch sich die Zähne schwarz verfärbten, machten den Mund unattraktiv und zum Küssen ungeeignet.

Bei den Pygmäen war der Mund der Zerkleinerung des Fleisches vorbehalten, während Eskimofrauen derart viele Tätigkeiten mit ihrer Zunge ausführten (Leder weichkauen, die Kinder säubern, die Lampe pflegen), daß ein Zungenkuß für sie unvorstellbar war. Schließlich nährte der Aberglauben, man könne die Seele durch den Mund aussaugen, die Befürchtung, beim Küssen versehentlich die Seele des Partners zu verschlucken. Trotzdem trat, vor allem durch die Verbreitung des Films, bald ein Gewöhnungseffekt ein (auch wenn selbst die keuschesten Produkte der Filmindustrie, die mit einem züchtigen Kuß endeten, nach wie vor Proteste hervorriefen, weil die Darstellung eines Kusses auf der Leinwand als anstößig empfunden wurde).

So erstaunt es nicht, daß nationalistische Hindus in manchen Gegenden Indiens öffentliche Küsse von Touristen verdammen. Einige Filme werden dort verboten, weil sie ein küssendes Liebespaar zeigen. In den Vereinigten Staaten, in denen vielerorts eine regelrecht viktorianische Prüderie herrscht, ist es in manchen Regionen verboten, am Tag des Herrn eine Frau zu küssen. In Maryland ist es nicht erlaubt, sich länger als eine Sekunde zu küssen, in Iowa nicht länger als fünf Minuten, in Rhode Island nicht länger als drei Minuten. In Wisconsin ist der *French Kiss* sogar gänzlich per Gesetz verboten. Auch in manchen öffentlichen Parks überall auf der Welt hängen Schilder, die das Küssen verbieten (so auch in der sizilianischen Kleinstadt Monreale, wo ein entsprechender Beschluß des Stadtrats weltweit für Belustigung sorgte). In Frankreich ist es zwar ebenfalls verboten, sich auf Bahnübergängen zu küssen, doch in diesem Fall wohl eher aus

Gründen der Vernunft und der Vorsicht! Küsse auf Parkbänken sind schließlich Bestandteil der Nationalkultur.

Ein Verbot kann aber auch auf Hygienemaßnahmen und Gesundheitsvorsorge beruhen. So wurde 1665 in London vom Küssen abgeraten, da die Pest grassierte.

Die Ansteckungsgefahr über den Austausch von Speichel beim Küssen wird mancherorts als eine derartige Bedrohung empfunden, daß die kommunistischen Führer in China sogar erwogen, diese vulgäre und gefährliche Handlung unter Strafe zu stellen. Aus eben diesem Grund haben chinesische Briefmarken übrigens keine Klebefläche, damit sie nicht mit der Zunge abgeleckt werden müssen. In chinesischen Postämtern stehen dafür Leimtöpfe zur Verfügung.

## Küsse aus aller Welt …

Zwar wurde der westliche Kuß in manchen Kulturen als unschicklich empfunden, andere Formen des Küssens gab es aber durchaus. Der Nasenkuß der Eskimos ist wohl die bekannteste. Er ist im übrigen nicht nur bei den Eskimos üblich, sondern in allen Ländern des Hohen Nordens verbreitet. Diese Form des Kusses ist besonders interessant, da sie die *Proxemik des Geruchssinns* betrifft. Edward Twitchell Hall hat mit seiner Anthropologie des Raums analysiert, wie soziale Beziehungen auf kulturellen Normen von Nähe und Distanz beruhen.[8] Es geht beim Küssen nämlich auch darum, sich »riechen zu können«, da man in die Geruchszone des anderen eindringt, seinen Duft aufnimmt und ein Teil seiner Intimsphäre wird.

Bei einigen Aborigines-Stämmen in Nordaustralien besteht das Begrüßungsritual darin, sich den Körperschweiß abzuwischen und den Neuankömmling damit einzureiben, um ihn willkommen zu heißen. Dieser Brauch, der uns doch recht unappetitlich erscheinen mag, zeigt deutlich, was es heißt, jemanden zu empfangen: ihn in der eigenen Intimsphäre zu akzeptieren. Der Schweiß vereint die beiden Personen in einer gemeinsamen olfaktorischen Identität.

Der Nasenkuß (auch malaiischer Kuß genannt), den Darwin, Malinowski und viele andere Ethnologen beschrieben haben, ist eine weitere Art, den olfaktorischen Raum miteinander zu teilen. V. G. Bogoraz zufolge war es bei den Tschuktschen Brauch, daß der Vater die Nase an der Wange seines Kindes rieb und so seinen Körpergeruch und den Duft seiner Kleider aufnahm: Auf diese Weise verabschiedete er sich von seinem Kind oder erkannte es nach einer längeren Abwesenheit wieder.[9]

Auch Marcel Proust betont in seinem Roman *Jean Santeuil* die Bedeutung des Geruchsinns für die Liebe: »Françoise stieß Jean lebhaft von sich, aber er hatte vergessen, ihren Hals zu küssen. Er sah ihn ganz nahe vor sich, konnte sich jedoch nicht mehr genau genug an seinen Duft erinnern, eilte noch einmal auf sie zu, küßte sie schnell auf den Hals und wählte dann einen Platz ganz fern von ihr, da die Tür gleich aufgehen würde, wobei er noch, damit sie ihm die Gunst nicht etwa zu hoch anrechnete, rasch zu bemerken pflegte: ›Es ging zu schnell, ich habe es nicht richtig spüren können.‹«[10]

### Hin und weg

Der Geruchsinn spielt demnach eine zentrale Rolle und ist beim Küssen mindestens ebenso wichtig wie der Geschmacksinn. Er ist ein äußerst archaischer und primitiver Sinn. Es ist bekannt, daß Säuglinge sehr sensibel auf ihre Mutter reagieren und sie am Geruch erkennen. Der Nasenkuß ist ein Zeichen dafür, daß wir einander über den Körpergeruch identifizieren und anerkennen. Doch die westliche Zivilisation hat den Eigengeruch des Körpers seit der Renaissance mehr und mehr unterdrückt (was man am heutigen Gebrauch von Deodorants und dem übermäßigen Einsatz von Parfum in den vorigen Jahrhunderten sehen kann). Der Historiker Alain Corbin erforscht in seinem hochinteressanten Buch *Pesthauch und Blütenduft* [11] die fortschreitende Unterdrückung des Geruchs im Zivilisationsprozeß. Der *Odor di femina* übt jedoch nach wie vor eine große Anziehungskraft aus. So kann ein Taschentuch (als ein Bestandteil der Intimwäsche), das eine Frau einem Mann überreicht, die Funktion eines Fetischs übernehmen, ob nun mit Lippenstiftspuren oder ohne. Da es den Duft der Frau in sich trägt (der Teil steht hier für das Ganze), kann es verehrt und geküßt werden und so die Sehnsucht nach der Angebeteten mildern.

Parfum kann, ebenso wie ein Blick oder ein Bild, das Begehren entfachen. Es ist Ausdruck der Persönlichkeit und umgibt den Körper wie eine Hülle. Gewiß spielen auch Pheromone beim Küssen eine wesentliche Rolle, wobei die kulturellen Vorstellungen, die an Gerüche und Düfte geknüpft sind, mindestens genauso bedeutsam sind. Dies ist auch eine Erklärung für die unterschiedlichen Toleranzgrenzen im Verlauf der Geschichte oder in verschiedenen Kulturen. Heutzutage würden wir das Parfum unserer Vorfahren zugleich als aufdringlich und altmodisch empfinden.

Liebe und der Wunsch, jemanden zu küssen, sind ohne eine olfaktorische Vereinbarkeit nicht denkbar. Der Duft der Haut wird entweder als anziehend oder als abstoßend empfunden. Bezeichnenderweise sagt man von jemanden, den man nicht leiden kann, man könne ihn »nicht riechen« und von etwas, das einem seltsam erscheint, es »rieche nicht ganz sauber«. Von daher ist es nur verständlich, warum Parfümeure als Künstler galten und viele Menschen zum Parfum greifen, um ihren Partner an sich zu binden und sein Begehren zu entfachen. Schon in der Antike spielte Parfum eine wichtige

Rolle. Die alten Griechen schrieben seine Erfindung sogar Aphrodite zu, der Göttin der Liebe.

Der Geruch ist aber nicht nur ein persönliches Identitätsmerkmal, sondern löst auch Wohlbefinden oder Widerwillen aus. Knoblauch und Zwiebeln gelten seit je her als – manchmal unfreiwillige – Gegenmittel zum Kuß. Zahnpasta und Kaugummi, die den Mundgeruch bekämpfen, wurden als eine der wichtigsten Erfindungen der Neuzeit gefeiert. Schon im alten Ägypten wurden Honig- und Kräuterbonbons gelutscht, um den Atem zu erfrischen.

Der *Domostroi* [12], ein altrussisches »Hausbuch«, in dem die richtige Ausführung des Christuskusses geschildert wird, läßt sich ausführlich über den Mundgeruch aus, der der Aufrichtigkeit und Sittsamkeit des Kusses abträglich sei: »Wenn du in Christi Namen Küsse tauschst, so halte dabei ebenfalls den Atem an und schmatze nicht mit den Lippen. Denke an die menschlichen Gebresten. Wir verabscheuen den eklen Geruch des Knoblauchs, den von Betrunkenen, von Kranken und alles, was übel riecht. Wieviel widerwärtiger muß dem Herrn unser Gestank sein und unser Geruch. Sei deshalb hierin sehr umsichtig.« [13]

In manchen Ländern gab es ein Adoptionsritual, bei dem die Brust der Frau mit den Lippen berührt wurde. Der Konsul Taitbout de Marigny berichtet von den Adygen, die, wenn sie ein fremdes Kind zu sich nahmen, seine Lippen an die Brust der Frau führten: »Von diesem Moment an werden sie und ihr Ehemann ›Ataliks‹ (Zieheltern), die das fremde Kind als legitimen Nachkommen bei sich aufnehmen.« [14] Wenn ein Kind in der Ukraine früher seine Eltern küssen wollte, nahm es zunächst deren Hand in die seine und küßte den Handrücken als Zeichen des Respekts. Auch bei den Moldawiern küßte das Kind zunächst den Handrücken des Erwachsenen und führte dann zwei Finger zur Stirn. Wenn eine Tischplatte zwei

Menschen bei der Begrüßung daran hinderte, einander die Hand zu küssen, beschränkte man sich auf einen Händedruck. Anschließend küßte man die eigene Hand (den Zeige- und Ringfinger) und führte sie zur Stirn.

Unter den Sitten und Gebräuchen ist der Kuß des Türschlosses besonders bemerkenswert. In Rußland küßten Frischvermählte das Türschloß, um den Bund der Ehe zu besiegeln. Bei schweren Geburten küßte man die Türangeln und das Türschloß der Kirche oder der Isba (Bauernhütte), damit der Ehemann die Geburtsschmerzen der Frau auf sich nahm. Wenn der Herr außer Haus war, mußte sein Lehnsmann das Türschloß küssen, was als angemessener Ersatz für den Handkuß angesehen wurde. Daher stammen auch die französischen Redewendungen *baiser l'huis* (die Tür küssen) und *baiser le verrouil* (den Türriegel küssen), die auf ironische Weise jemanden bezeichnen, der allzu unterwürfig ist. Und von einem Mann, dem seine Liebhaberin eine Abfuhr erteilt hat, sagt man auf Französisch, er wolle das Türschloß küssen (*embrasser la serrure*).

Einen Toten zu küssen ist ebenfalls Bestandteil vieler Rituale. Der Sterbende wiederum küßt das Kreuz, das man ihm hinhält. Denn wenn man einen heiligen Gegenstand küßt, verschmilzt man mit ihm und nimmt seine Eigenschaften in sich auf. Die Eltern und Freunde küssen den Toten, um sich von ihm zu verabschieden, wobei der Abschieds- und Vergebungskuß ein Ausdruck gegenseitiger Liebe ist. Der griechische Dichter Bion von Smyrna aus dem 2. Jahrhundert vor Christus schildert in seinem kunstvollen Gedicht *Der Tod des Adonis*, wie Venus den sterbenden Adonis beweint: »Daß Du sterbend zum letzten, letzten Male mich küssest. Küsse mich Jüngling, so lange noch warmes Leben im Kuß ist. Daß mit dem letzten Athemzuge die scheidende Seele mir durch die Lippen hinein in die Brust und das klopfende Herz schlüpfe. Daß ich fange den Honig der Lieb', und hinunter ihn schlürfe. Ewig bewahr ich den Kuß, als wär' Adonis es selber.«[15] Auch für den römischen Dichter Properz war der Kuß ein letzter Liebesbeweis: »Letzte Küsse dann wirst auf die kalten Lippen du drükken.«[16]

## Ver- und Gebote

Das Brot zu küssen, bevor man es ißt, ist ein Zeichen der Verehrung in Gedenken an den Leib Christi. Man küßt auch das Brot, das zu Boden gefallen ist, und bittet so um Vergebung dafür, daß etwas Heiliges im Staub gelandet ist. Außerdem küßt man die Hand, die das Brot berührt hat. Voltaire schreibt in seinem *Philosophischen Wörterbuch*, in manchen französischen Dörfern lebe dieser alte Brauch fort, da man dort kleinen Kindern beibringe, ihre rechte Hand zu küssen, wenn sie eine Leckerei geschenkt bekämen.

Doch es gibt auch verbotene Küsse: »Lieber sterben, als das Kreuz zu küssen«, lautet ein altes russisches Sprichwort. Denn einen Eid auf das Kreuz abzulegen, kam dort einer Gotteslästerung gleich und wurde von der Kirche mißbilligt.

Andere Länder, andere Sitten: Wer nicht an Küsse gewöhnt ist, begegnet ihnen mit Befremden. Martha Wilmot bringt 1803 in ihrem Reisebericht *The Russian Journals of Martha and Catherine Wilmot* ihre Verwunderung über den russischen Brauch, sich auf die Wangen zu küssen, zum Ausdruck. Für sie, eine Engländerin, war es überaus unüblich, sich zur Begrüßung oder zum Abschied zu küssen.[17] Noch heute geben sich die Briten recht reserviert, wenn es ums Küssen geht, und empfinden eine besondere Abneigung gegen Männer, die sich auf die Wangen küssen, einen Brauch, den der Psychologe Peter Collett als *»cheek-kissing«* bezeichnet. Er hat herausgefunden, daß im 16. und 17. Jahrhundert die Franzosen noch vor den Engländern die Tradition aufgaben, sich bei der Begrüßung zu küssen. Tatsächlich wurde der Begrüßungskuß erst nach der Restauration, als Jakob II. aus Frankreich an den englischen Hof zurückkehrte, auch in England abgeschafft. Es ist also gut möglich, daß die Franzosen an jener Reserviertheit Schuld sind, die wir heute als typisch englisch empfinden.[18]

Voltaire schreibt in seinem *Philosophischen Wörterbuch*, in Europa gebe es kaum eine andere Art, eine Dame zu begrüßen, als sie auf den Mund zu küssen. Er ergänzt, die Kardinäle in Deutschland, Italien, England und sogar in Spanien hätten das Recht besessen, die Königin auf den Mund zu küssen:

> Es ist allerdings eigentümlich, daß sie in Frankreich, wo Damen stets mehr Freiheiten genossen als anderswo, nicht über dasselbe Vorrecht verfügten. Doch jedes Land hat seine Sitten, und es gibt wohl keinen Brauch, der so weit verbreitet ist, daß der Zufall und die Gewohnheit nicht eine Ausnahme vorgesehen hätten. Es wäre jedenfalls ein grober Verstoß gegen die Höflichkeit, ja ein Affront, wenn eine Dame von Stand, die Besuch von einem ebensolchen Herrn bekommt, ihn nicht auf den Mund küßt, selbst wenn er einen Schnurrbart trägt.

Montaigne fand diesen Brauch jedoch äußerst beleidigend: »Unser Brauch jedenfalls ist abstoßend und namentlich den Damen gegenüber eine Zumutung, müssen sie doch ihre Lippen jedem darbieten, der drei Lakaien zum Gefolge hat, wie widerwärtig sie ihn auch finden.«[19]

So wie sich die Sitten allgemein in verschiedenen Ländern (und zu verschiedenen Zeiten) unterscheiden, variiert auch die Anzahl der Küsse, die man sich zur Begrüßung gibt. So kann es passieren, daß man dem Gegenüber die Wange hinhält und auf den letzten Kuß wartet, der nicht mehr kommt.

Die Anzahl der Begrüßungs- oder Willkommensküsse schwankt demnach. Der wissenschaftliche Beweis der folgenden Zahlen steht noch aus, zumal in unserer modernen Welt Bräuche einem raschen Wandel unterworfen sind. In Costa Rica und Argentinien beispielsweise begrüßt man sich normalerweise mit einem Kuß auf die rechte Wange. In Spanien gibt man sich zwei Küsse, einen auf die rechte und einen auf die linke Wange, ebenso in der Dominikanischen Republik und in Ungarn. In Brasilien tauschen Verwandte zwei, Jugendliche untereinander drei Küsse. Andere Länder sind ebenfalls großzügiger: In Belgien, Luxemburg, den Niederlanden und in Serbien küßt man sich dreimal. In den meisten Ländern existieren jedoch keine festen Regeln: Man umarmt sich und gibt sich einen Kuß auf die Wange.

### Der Handkuß

Manche Forscher gehen davon aus, daß der Handkuß auf die Zivilisation der Sumerer im vierten Jahrhundert vor Christus zurückgeht. Die Geste, die damals »eine Hand, die den Kuß wirft« genannt wurde und der Gottheit galt, sah folgendermaßen aus: Entweder wurde die Hand zum Mund geführt oder der rechte Arm gehoben, wobei die Handfläche nach oben zeigte. Der rituelle Handkuß war in der gesamten Antike verbreitet. Bei Homer küßt Priamos Achilles' Hand, um ihn zu beschwören, ihm Hektors Leiche auszuhändigen. In der Odyssee eilt Eumaios bei Telemachos Ankunft dem Herrscher entgegen und »küßte den Kopf ihm, die herrlichen Augen, küßte ihm jede Hand.«[20] Theophrast wiederum berichtet von folgendem Brauch: »Über die geweihten Steine an den Kreuzungen gießt er Öl aus seinem Fläschchen, fällt in die Knie und spricht sein Gebet, ehe er weitergeht.«[21]

Der Handkuß, eine der bekanntesten Varianten des Kusses, verdrängte im Laufe der Geschichte andere Formen wie den Fußkuß. Man küßte die Hand des Herrschers – eine Ehre, die nicht allen Abgesandten zukam. Diese Gunst, ein regelrechtes »Zugangsritual«, das sich in der lateinischen Redewendung »accedere ad manum« (zum Handkuß zugelassen werden) niedergeschlagen hat, war ein wesentlicher Bestandteil der Etikette an europäischen Höfen. Der ritualisierte Handkuß gehörte zunächst in Spanien, später auch in anderen Regionen des absolutistisch regierten Europas zum Hofzeremoniell. Das Zweite Vatikanische Konzil schaffte den Kuß des Bischofsringes ab, der lange Zeit Unterwerfung und Verehrung der Reliquie, die der Ring angeblich enthielt, symbolisiert hatte. Man küßte die Hand einer Frau oder die des Priesters, und der Handkuß gehörte zur Hohen Schule der guten Manieren.

Der Handkuß war strengen Regeln unterworfen. Er war achtbaren (also verheirateten) Frauen vorbehalten. Es war verboten, den Handkuß in der Öffentlichkeit und unter freiem Himmel auszuführen. Man mußte sich dafür unter einem Dach befinden, und die Dame mußte einem die Hand entgegenstrecken. Antoine de Courtin schreibt Ende des 17. Jahrhunderts, man solle »stets den Handschuh abstreifen und die Hand ergreifen, die einem dargeboten wird.«[22] Dies müsse sogleich geschehen, ohne die Dame warten zu lassen, und die Geste dürfe nur mit der rechten Hand ausgeführt werden.

Doch auch in diesem Fall variiert die Ausführung. Der ungarische Handkuß (»Kezét csókólom«) unterscheidet sich vom österreichischen insofern, als der Mann die Hand der Dame lediglich anhebt (ohne sie mit den Lippen zu berühren). Dasselbe gilt für Polen. Dieser Brauch ist gewiß etwas altmodisch, doch manche empfinden Wangenküsse als zu intim und aufdringlich. Sie halten das kulturelle Erbe mit seinem Sinn für Nuancen und Hierarchien für bewahrenswert.

Nach der »alten Schule« durften die Lippen die Hand der Dame tatsächlich nicht berühren. Im deutschsprachigen Raum konnte die Geste sogar durch die respektvolle Begrüßungsformel »Küß die Hand« ersetzt werden. Ganz anders geht da James Bond vor, der Geheimagent und Frauenheld, der die Hand einer Frau umdreht, die Innenseite des Handgelenks küßt und so seinem »Opfer« gänzlich neue Empfindungen beschert. Handelt es sich dabei um eine spontane, natürliche Geste oder um eine erlernte Höflichkeitsbekundung? Genau darum drehte sich die Debatte um Natur oder Kultur und angeborene oder erworbene Verhaltensweisen, die die Gemüter im 18. Jahrhundert erhitzte. Die Literaturwissenschaftlerin Gabriele Vickermann-Ribémont unterscheidet anhand von Alain René Lesages Roman *Aventures du chevalier de Beauchêne* (Abenteuer des Ritters von Beauchêne) aus dem Jahre 1732 zwei Arten des Handkusses. Als Geste der Ehrerbietung und Unterwürfigkeit sei er angelernt, als Geste der Zuneigung natürlichen Ursprungs. Bei Lesage heißt es:

Meine Amme hatte mir beigebracht, die Hand des Herrn Barons zu küssen, wenn er mir etwas gab. Manchmal führte ich diese ehrfurchtsvolle Zeremonie auch mit meiner kleinen Schwester durch, die überzeugt davon war, daß ich Gefallen daran fand, und so bot sie mir, wann immer ich bestraft worden war oder irgendeinen Kummer hatte, eilig ihre Hand zum Kusse dar. Obwohl inzwischen fünfunddreißig Jahre ins Land gezogen sind, erinnere ich mich noch lebhaft an Tausende solcher Gelegenheiten, die eindrücklich beweisen, daß unsere Herzen füreinander geschaffen waren und eines Tages wieder vereint sein werden, so wie sie es seither waren und auch immer noch sind, trotz der Grausamkeit des Schicksals, das uns voneinander getrennt hält.

Der Handkuß kann sowohl ein Zeichen von Respekt als auch ein Ausdruck von Begehren sein (und sogar als Metapher für den Sexualakt stehen). In Marivauxs Komödie *Die Streitfrage* wissen dies die Protagonisten Églé und Azor durchaus. Azor verkündet: »Weil [...] ich immer deine Hände halten möchte. Weder ich noch mein Mund können mehr auf sie verzichten.« Und Églé antwortet: »Noch meine Hände auf deinen Mund.«[23] Die Grenzen zwischen reiner Höflichkeit und betörender Sinnlichkeit sind demnach fließend, und beide leicht miteinander verwechselbar. So weist in Marivaux' Roman *Das Leben der Marianne* die Heldin zunächst Valvilles Küsse zurück: »Man bedenke, daß er bei diesen Worten langsam die Hand ausstreckte, um die meine wieder zu fassen, die ich ihm überließ und die er abermals küßte, während er mich bat, ihm den Kuß zu verzeihen. Und das Lustige ist, daß ich diese Wiedergutmachung sehr nett fand und in bestem Glauben entgegennahm, ohne zu merken, daß sie ja nur reine Wiederholung seines früheren Vergehens war.«[24]

Schon für Molière war der Handkuß ein unerschöpflicher Quell der Komik. Er machte von ihm Gebrauch, um gelehrte Damen oder die *lächerlichen Preziösen*[25] aufs Korn zu nehmen. Agnès beichtet in *Die Schule der Frauen* ihrem Mentor, ihr Geliebter habe ihr die Hand geküßt. Arnolphe ruft als sittenstrenger Moralist aus: »Und sich von Kavalieren die Hände küssen lassen / Daß es wie Feuer brennt, daß Schauer dich erfassen / Das ist die allergrößte, die allerschwerste Sünde!«[26] Auch hier wird die Ambivalenz des Kusses deutlich. Der Handkuß ist zwar ein Höflichkeitsritual, doch er kann ebenso der Beginn eines Austauschs von Zärtlichkeiten sein. Der Dramatiker Sacha Guitry sagte einmal lakonisch, man müsse schließlich mit irgend etwas anfangen. Dessen waren sich auch die Freigeister in den Romanen Crébillions und anderer Schriftsteller des 18. Jahrhunderts bewußt.

Marivaux erzählt in der Komödie *Arlequin poli par l'amour* (Wie die Liebe Harlekin erzog), seinem ersten Geniestreich aus dem Jahre 1720, wie Harlekin, ein sympathischer, aber ungehobelter Bauersohn, allmählich gute Manieren erlernt und seine spontanen und primitiven Regungen durch jene Normen und Regeln gezähmt werden, die das Liebesleben bestimmen. Der Handkuß, der die richtige Distanz, viel Taktgefühl und ein Gespür für Nuancen erfordert, ist das ideale Lernmittel.

Harlekin gibt der Fee einen Kuß, als er von dem Ring fasziniert ist, den sie am Finger trägt.

> DIE FEE: (zieht den Ring vom Finger und hält ihn ihm hin. Er grabscht danach. Sie sagt zu ihm:) Mein teurer Harlekin, ein hübscher Junge wie Sie muß, wenn eine Dame ihm etwas reicht, die Hand küssen, bevor er es entgegennimmt.
> Harlekin ergreift gierig die Hand der Fee und küßt sie.
>
> ( 1. Akt, 2. Szene)

Harlekin weiß noch nicht, daß er seine eigene Hand hätte küssen sollen und nicht die der Fee. Dennoch ist diese alles andere als unzufrieden ob der Begegnung mit dem »schönsten dunkelhaarigen Jüngling der Welt.«

Genauso ergeht es ihm mit der Schäferin Silvia, deren Finger er ableckt, weil er keine Worte für die erotischen Freuden findet, die er mit ihr gemeinsam entdeckt: »Oh! Diese hübschen kleinen Finger! (Er küßt ihre Hand und sagt:) So eine wohlschmeckende Leckerei habe ich noch nie probiert.«( 1. Akt, 5. Szene)

Sein Verhalten ist noch recht kindlich. Doch Harlekin macht rasche Fortschritte und setzt all seine Überzeugungskraft ein, um Silvia einen Kuß zu entlocken.

> HARLEKIN: Nein: Wenn man jemanden mag, hindert man ihn nicht daran, einem die Hand zu küssen. (Er streckt ihr seine Hand entgegen.) Hier habt ihr die meine. Seht, ich habe keine Scheu davor.

SILVIA: [...] Schon gut, schon gut, tröstet euch, Geliebter, und küßt meine Hand, wenn es euch ein solches Begehr ist [...].
HARLEKIN: [...] Mein Herz klopft wie wild, wenn ich eure Hand küsse [...]. ( 1. Akt, 11. Szene)

In der von Denis Diderot und Jean-Baptiste d'Alembert Mitte des 18. Jahrhunderts herausgegebenen Enzyklopädie, einem Standardwerk der französischen Aufklärung, steht unter dem Eintrag »Handkuß«, er sei eine »stumme Formel, mit der man sich versöhnt, um Gunst bittet, sich für eine Gunst bedankt und höher gestellten Persönlichkeiten seine Verehrung ausdrückt«. Insofern ist es nicht erstaunlich, daß dieses Zeichen der Demut im Zuge der Revolution abgeschafft wurde, da es der Gleichheit der Menschen zu widersprechen schien. François Hanriot, ein Sansculotte und Befehlshaber der Nationalgarde von Paris, brandmarkte den Handkuß als »Zeichen der Erniedrigung« und erklärte, nur Sklaven würden sich so verhalten. Knapp hundertfünfzig Jahre später schalt Jean Cocteau den Handkuß als Geste des Gehorsams und der Unterwerfung. Über die junge Geisha namens *Fröhlicher Frühling*, mit der er getanzt und die ihm die Hand geküßt hatte, schreibt er: »Es bedürfte einer langen Lehrzeit, um ihr diese Haltung der Besiegten auszutreiben.«[27]

In manchen Ländern Zentraleuropas lebt der alte Brauch des Handkusses fort, der vor den kommunistischen Revolutionen weit verbreitet war. (Der leninistischen Ideologie war er allerdings nicht ganz geheuer.) Dort küßt ein Mann einer Frau die Hand, um ihr formvollendet seine Hochachtung auszudrükken.

Auch wenn der Handkuß in Frankreich nahezu von der Bildfläche verschwunden ist, kann man doch feststellen, daß die meisten jungen Leute sich zur Begrüßung und beim Kennenlernen unbefangen auf die Wangen küssen, was keineswegs bedeutet, daß sie damit eine wie auch immer geartete

Verpflichtung eingehen würden (außer der, die Scheu vor der Begegnung mit einem Fremden zu überwinden – was schon viel ist – oder ein vorübergehendes Bündnis einzugehen). Dieses Verhalten war noch vor dreißig Jahren keineswegs üblich. Für die Generation der vor 1968 Geborenen hatte ein Kuß nicht denselben Stellenwert wie ein Händedruck, sondern war Personen vorbehalten, die einem sehr nahestanden.

## Trinksprüche

Der Kuß als Zeichen der Zugehörigkeit und Zuneigung ist weit verbreitet. In Moskau bat beispielsweise der Hausherr seine Frau, nachdem er einen Imbiß gereicht hatte, den Gast in ihren besten Kleidern zu begrüßen und ihm ein Glas Wodka anzubieten, aus dem sie zuvor einen Schluck getrunken hatte. Manchmal durfte der Gast die Gastgeberin auch auf den Mund küssen. Das Trinken aus dem gleichen Glas ist demnach ein symbolischer Kuß, da die Lippen der beiden Trinkenden dieselbe Stelle des Glases berühren.

Daran erinnert heute noch der Brauch, das Glas auf jemanden zu erheben und sich zuzuprosten. Für die Baronin Blanche Staffe, die Ende des 19. Jahrhunderts Bücher über Umgangsformen und gutes Benehmen verfaßte, ist das ein feierlicher Moment, bei dem eine »Verbindung und Gemeinschaft unter den Gästen« entsteht. »Zumindest für einen Augenblick vereinen sich die Herzen und stellen sich hinter den großzügigen Wunsch, den einer der Anwesenden ausspricht.« Derjenige, der den Trinkspruch ausbringt, erhebt sich und hält das Glas auf Höhe seiner Lippen. Dann neigt er sich demjenigen der Gäste zu, auf den angestoßen wird, sagt ein paar Worte und formuliert einen Wunsch. Anschließend erheben sich die anderen Gäste von ihren Stühlen und nähern ihre Gläser einander an. Das Wort *Toast*, das inzwischen die alte

Bezeichnung Trinkspruch abgelöst hat, stammt aus England und bezeichnet bekanntermaßen eine geröstete Scheibe Brot. Früher legte nämlich derjenige, der nach dem Essen einen Trinkspruch ausbrachte, eine geröstete Brotscheibe, den Toast, in sein Glas oder seinen Becher. Das Gefäß wurde herumgereicht, jeder Gast trank einen Schluck, und schließlich gelangte der Becher wieder zum Sprecher, der die Neige austrank und das Brot aufaß. Schon in der Antike, zu Homers Zeiten, wurden Gläser um den Tisch gereicht, und alle Anwesenden tranken daraus, um ihre Freundschaft zu besiegeln. Die Römer wiederum schenkten Wein in das eigene Glas, tranken einen Schluck und ließen es anschließend demjenigen bringen, dem Ehre erwiesen werden sollte, damit er es austrank.

In England gab es einen galanten Trinkspruch, den Voltaire beschreibt: »Die Engländer sind darauf verfallen, einige Bräuche der Antike wiederaufleben zu lassen, und so trinken sie zu Ehren der Damen. Sie nennen dies ›toasten‹: Sie führen hitzige Debatten darüber, ob eine Frau eines ›Toastes‹ würdig sei oder nicht, ob sie es also verdient hat, daß man sie ›toastet‹.« Die Regeln dieses galanten Toasts wurden so gewissenhaft eingehalten, daß der Brauch der Tafelrunde würdig gewesen wäre. Um einer Dame eine besonders große Ehre zu erweisen, warf der Gentleman, der auf ihr Wohl trank, eins seiner Besitztümer ins Feuer, einen Edelstein, ein Schmuckstück oder irgendeinen anderen wertvollen Gegenstand. Die übrigen Gäste mußten es ihm gleichtun und ebenfalls eine ihrer Habseligkeiten von gleichem Wert ins Feuer werfen. Niemand konnte sich dem entziehen – das war eine Ehrensache. Denn bei der Frage, ob eine Frau eines Toasts würdig war oder nicht, ging es schließlich noch um etwas ganz anderes …

## Kannibalismus und Aberglaube

Der Ethnologe Bronislaw Malinowski berichtete in seiner Untersuchung über das Sexualleben der Melanesier, die die westpazifischen Inseln nordöstlich von Australien bewohnten, die Einheimischen verfügten über ein ausgeklügeltes orales Kommunikationssystem.[28] So bissen sie mitunter in die Wange ihres Partners, bis sie blutete, oder knabberten an den Augenbrauen ihrer Geliebten. Diese Praktiken waren vor allem für das Liebesspiel charakteristisch. In der Erotik der Papua spielte der Mund eine entscheidende Rolle. »Allmählich werden die Liebkosungen leidenschaftlicher, und nun tritt vor allem der Mund in Tätigkeit. Die Zunge wird angesaugt und Zunge an Zunge gerieben; einer saugt an des anderen Unterlippe, und die Lippen werden gebissen, bis Blut kommt; Speichel fließt von Mund zu Mund.« Der Höhepunkt dieses Liebesspiels war der Augenbrauenkuß, der *Mitakuku*, wörtlich übersetzt das Abbeißen der Augenbrauen. »Noch weniger Begeisterung wird der romantische Europäer für jene Sitte aufbringen, die im gegenseitigen Wegfangen und Verzehren der Läuse besteht. Für die Eingeborenen ist es jedoch ein Zeitvertreib, der nicht nur an sich erfreulich wirkt, sondern obendrein ein beglückendes Gefühl des Vertrautseins auslöst.«

Eine erschöpfende Aufzählung der Aberglauben, die sich um den Kuß ranken, ist unmöglich. Es liegt etwas Mysteriöses in dieser Geste, die weit über das Körperliche hinausgeht. So wie junge Mädchen glauben, es bringe Glück, die Mütze eines Matrosen zu berühren, ist auch der Kuß eines Schornsteinfegers äußerst beliebt. In England glaubt man, er bringe einer frisch vermählten Braut Glück. Und diejenige, die die Braut nach der Eheschließung als erste küßt, wird im Jahr darauf selbst heiraten. Im Mittelalter mußten sich die Brautleute über einem großen Kuchen küssen, um sich eine reichliche und gesunde Nachkommenschaft zu sichern. Außerdem konnten Frischvermählte, denen es nicht gelang, die Ehe zu vollziehen, dem entgegenwirken, indem sie sich gegenseitig den großen Zeh küßten. Kein schlechtes Vorspiel!

# Heilige Küsse

Der Kuß kann Aufschluß über die Entwicklung einer Gesellschaft geben. Er erlaubt es, Hierarchien zu erkennen, die zwischenmenschliche Kommunikation zu verstehen und sagt einiges über das Imaginäre und die Symbolik von Liebes- und Sexualbeziehungen aus. Wie Yannick Carré in seinem lehrreichen Buch *Le baiser sur la bouche au Moyen Âge* (Der Mundkuß im Mittelalter) schreibt, läßt der Kuß sogar Rückschlüsse auf die Politik, die Religion und das Wertesystem einer Gesellschaft zu.[29]

So kam dem Kuß im Mittelalter eine wichtige gesellschaftspolitische Funktion zu. Er war gleichbedeutend mit einem Vertrag oder einem Pakt. Um den Treueschwur eines Herrn und seines Lehnsmannes zu besiegeln, gaben sich beide einen Kuß auf den Mund. Daher stammt auch die französische Bezeichnung »l'homme de bouche et de mains« (Mann des Mundes und der Hände) für einen Lehnsmann. Yannick Carré zeigt, wie weitreichend diese gegenseitige Verpflichtung war.

### Die Politik des Kusses

Eine regelrechte Hierarchie der körperlichen Regionen strukturierte damals die sozialen Beziehungen. Es gab den Fußkuß, den Kniekuß, den Handkuß, den Wangenkuß und den Mundkuß. Diese Bräuche reichen weit in die Vergangenheit zurück, denn schon Herodot berichtete von ihnen: »Wenn sich zwei auf der Straße treffen, kann man an ihrem Gruß erkennen, ob beide gleichen Ranges sind. Statt sich gegenseitig anzureden, küssen sie sich auf den Mund. Ist einer der beiden von geringerem Stand, küssen sie sich auf die Wangen. Bei großem Standesunterschied fällt der geringere nieder und verehrt den Höherstehenden durch Fußfall.«[30] Auch Guillaume Durand, der im 13. Jahrhundert Bischof von Mende war, beschrieb den egalitären Charakter des Mundkusses: »Wenn ein Bischof einen Priester küßt, zeigt er, daß er ihn als Seinesgleichen empfängt.«[31] Der Fußkuß war im Gegensatz dazu eine Herabsetzung der eigenen Person, ein Zeichen der Unterwerfung, Ehrfurcht und Demut, wenn nicht gar Demütigung. Sich vor jemanden auf den Boden zu werfen, diente aber nicht nur der Anerkennung seiner Macht oder Superiorität, sondern konnte auch eine Art sein, Respekt zu zollen, Dankbarkeit zu zeigen oder um Vergebung zu bitten. Bei einer Audienz war es üblich, dem Papst den Fuß zu küssen. Diese Geste war ein Zeichen der Ehrerbietung gegenüber dem Oberhaupt der katholischen Kirche. Es ist zu vermuten, daß sie nicht nur das war: Sie war zugleich eine Verneigung vor dem Kreuz, das auf seinen Schuhen prangte. Dieser Fußkuß beschränkte sich jedoch auf eine Verneigung in Richtung des Fußes, denn es zählte die Absicht und nicht die tatsächliche Ausführung.

Yannick Carré weist darauf hin, daß die Hand, obwohl sie im Mittelalter eine sakrale Funktion hatte, in dieser Hinsicht dem Mund untergeordnet war. Derjenige, der einen Handkuß ausführte, nahm mit seiner ganzen Person Anteil, während der Empfänger auf Distanz blieb. Der Handkuß ist demnach Ausdruck einer asymmetrischen Beziehung. In Rußland küßte man früher die Hand, den Fuß oder auch die Schulter von Würdenträgern aller Art. Die Person von niedrigerem sozialen Rang küßte den Höhergestellten auf diese Körperteile, und dieser küßte den Untergebenen auf den Kopf. Der Mundkuß zeugte hingegen von einer Gleichrangigkeit der Partner und von Gegenseitigkeit, dem Autor zufolge zwei wesentliche Aspekte der Symbolik des »osculum«. So kam es den *Pairs de France*, den zwölf ranghöchsten Fürsten, bei der Krönungszeremonie zu, den König nach seiner Salbung durch einen Kuß auf den Mund anzuerkennen.


## Der Kuß als Therapeutikum

Dem Kuß wird etwas Heiliges, eine belebende und heilende Kraft zugesprochen. Unter anderem wird behauptet, durch einen Kuß könne man den Lebensatem einhauchen. In der Bibel erweckt der Prophet Elischa ein totes Kind wieder zum Leben, indem er es von Mund zu Mund beatmet: »Und er stieg auf das Bett und legte sich auf das Kind und legte seinen Mund auf dessen Mund und seine Augen auf dessen Augen und seine Hände auf dessen Hände und beugte sich so über ihn. Da wurde der Leib des Kindes warm.« (2. Kön, 4, 32–35)

In manchen Regionen des russischen Zarenreichs gab man kranken Tieren einen Kuß auf die Stirn. Das Dornröschen-Märchen steht exemplarisch für die Fähigkeit des Kusses, bösen Zauber und Unheil abzuwenden, zu heilen, den ewigen Schlaf zu beenden und wieder zum Leben zu erwecken. In Märchen kommen häufig Küsse vor, die über heilende Kräfte verfügen. Ein Kuß kann verwandeln, auch wenn es seine wichtigste Eigenschaft bleibt, Leben und Gesundheit zu schenken. Noch heute lebt dieser Glaube fort, zumindest unter Kindern. Wenn ein Kind hinfällt und sich weh tut, pustet die Mutter auf die Wunde oder küßt den betroffenen Körperteil, um den Schmerz zu lindern. Dieser Kuß, der das Kind tröstet, hat zweifellos eine heilende Wirkung, und sei sie auch nur symbolischer Natur.

Ohne näher auf den Blinden aus Bethsaida eingehen zu wollen, der ja auch durch einen Kuß geheilt wurde (Markus 8, 22–26), möchte ich doch auf den Kuß hinweisen, den Heilige den Leprakranken gaben. Es handelte sich hierbei primär um einen Akt der Reinigung. Der Leprakranke war unrein, und ein Kuß aus Nächstenliebe läuterte ihn. Doch ein Kuß konnte auch tatsächlich heilen, wie im Fall des Heiligen Martin, der einen Aussätzigen auf den Mund küßte. Bei diesem wundertätigen Kuß spielte der Speichel eine wichtige Rolle: »Kaum berührte der Speichel aus dem Mund des Heiligen Martin den Aussätzigen, befreite ihn dieser duftende Balsam von dem Übel, das ihn geplagt hatte«, schreibt der Bischof Venance Fortunat im 6. Jahrhundert. Der Kuß, den man einem Kranken gibt, steht sinnbildlich für die Selbstaufopferung in einem symbolischen Akt der Nächstenliebe. Er wurde vor allem im Mittelalter praktiziert, allerdings nicht auf den Mund, sondern auf die Wunden des Kranken. Flaubert schildert in *Sankt Julian der Gastfreundliche* mit beißendem Spott – da Flaubert stets religiöse Stereotype anprangerte – die Begegnung Julians mit einem Aussätzigen, den der Heilige mit seinem ganzen Körper umfängt.[32] In der klischeehaft überspitzten Abschlußszene stellt sich heraus, daß der Leprakranke niemand anderes als Christus ist, und die wundersame Begegnung mündet in einer Verschmelzung, die zugleich Tod und Erlösung bedeutet (so lautete jedenfalls die Legende in Flauberts Heimat).

Ein weiteres Beispiel für einen solchen Kuß ist der, den Violaine in Paul Claudels *Mariä Verkündigung* einem Leprakranken gibt. Es handelt sich hierbei um einen feierlichen Kuß der Vergebung und Barmherzigkeit.


### Erotik und Mystik

Yannick Carré zählt drei Elemente auf, die bei heilenden Küssen ihre Wirkung entfalten und die zugleich die drei Zustände von Materie repräsentieren: fest (Berührung), flüssig (Speichel) und gasförmig (Atem).

Der Kuß auf den Mund hat unter anderem eine derartige Bedeutung in sozialen Interaktionen, weil er mit dem Austausch der Seelen in Verbindung gebracht wird. Dies gilt vor allem für erotische und affektive aber auch für gesellschaftliche und politische Beziehungen. Wilhelm der Eroberer war sich der Verführungskunst und Überzeugungskraft eines Kusses durchaus bewußt: Orderic Vital berichtet, der Herrscher habe bei seinen Besuchen in London »sämtliche Anwesende durch seine zärtlichen Höflichkeitsbekundungen erfreut, sie warmherzig zu Willkommensküssen eingeladen und überhaupt die größte Liebenswürdigkeit gezeigt.«[33] Diese Herzlichkeit diente auch dazu, den politischen Gegner in ein Netz aus Schmeicheleien zu verstricken. Chruschtschow und andere russische Politiker setzten bei protokollarischen Besuchen ihrer Kontrahenten aus dem Westen den Mundkuß ein, manchmal sogar bei Besuchen ihrer Genossen. So küßte Kossygin 1968 seinen »kleinen Bruder« Dubcek, wenige Tage bevor er sowjetische Panzer nach Prag schickte. Ein alter Trick! Schon in Racines *Britannicus* (4. Akt, 3. Szene, Vers 1314) gesteht Nero seinem Erzieher Burrus: »Ich küsse meinen Gegner, um ihn zu ersticken.«

Ein Mundkuß zwischen einem Mann und einer Frau kann hingegen zu Zweideutigkeiten und Zweifeln führen, selbst wenn ihn die Etikette vorschreibt.[34] So weigerte sich die Heilige Luitgard von Tongeren, einen Abt, der ihr einen Besuch abstattete, zu küssen, wie es das Protokoll vorsah.[35] Auch Hippolyt von Rom predigte Anfang des 3. Jahrhunderts die Geschlechtertrennung: »Die Gläubigen aber sollen einander den Friedenskuß geben, die Männer den Männern, die Frauen den Frauen, nicht aber die Männer den Frauen.«[36] Die Tradition des Osterkusses wurde im Gegensatz dazu unabhängig von der sozialen Stellung oder dem Geschlecht gepflegt, da sie die Gleichheit der Menschen unterstrich, die gemeinsam ein Ereignis feierten, das die gesamte Menschheit betraf: die Auferstehung Christi.[37] Deshalb weigerte sich auch kein russischer Lehnsherr, selbst den niedersten seiner Mujiks (Bauern) zu küssen. Weder konnte eine verheiratete Frau Bescheidenheit vorschützen, noch ein junges Mädchen Keuschheit, um dem Osterkuß zu entgehen.

Der Mundkuß war früher ein wichtiger Bestandteil der heiligen Messe. Der berühmte Friedenskuß (»osculum pacis«) geht auf die Worte der Apostel Paulus und Petrus zurück: »Grüßt euch untereinander mit dem heiligen Kuß.« (1. Kor. 16, 20), und »Grüßt alle Brüder mit dem heiligen Kuß« (1. Thess. 5, 26).[38] Der Bischof Cyrill von Jerusalem war einer der ersten, die sich über die Symbolik des Osterkusses äußerten: »Dieser Kuß verbindet die Seelen miteinander und versichert ihnen, daß nichts mehr nachgetragen wird. So ist der Kuß ein Zeichen für das Verbundenwerden der Seelen und das Verbannen allen Nachtragens.«[39] Es handelte sich also um eine ernste, aufrichtige und würdevolle Handlung. Doch wie bei jeder kodifizierten Interaktion stießen hier Schein und Sein, Maske und Wahrheit, Rolle und authentisches Gefühl aufeinander.[40] Der keusche Kuß, der mit geschlossenen Lippen ausgeführt wurde, sollte die hehren Absichten der Seele unter Beweis stellen. Der heilige Augustinus schrieb in seinen Osterpredigten: »(Der Kuß) ist das Zeichen des Friedens: Was die Lippen andeuten, möge sich im Bewußtsein vollziehen. Das heißt, wie deine Lippen sich zu den Lippen deines Bruders hin bewegen, so möge dein Herz sich von seinem Herzen nicht zurückziehen.« (Predigt 227)

Der Kuß als Zeichen des Friedens, der Liebe und der Versöhnung ersetzte vom 11. bis 13. Jahrhundert bisweilen sogar das Abendmahl. Tatsächlich war er durch seine Stellung in der Liturgie eng mit der Eucharistie verbunden. Dennoch unterlag er nicht den gleichen Zwängen wie das Abendmahl, das nur erhielt, wer zuvor enthaltsam gelebt hatte und zur Beichte gegangen war. »Der Kuß ist eine Geste des Mundes, eine Art heiliges Verschlingen, da der Mund zugleich das Organ des Wortes, des Fleisch gewordenen Wortes und des Kusses ist«, schreibt Yannick Carré. Er schildert, wie in den folgenden Jahrhunderten die heilige Kommunion immer wichtiger wurde, während der Friedenskuß an Bedeutung verlor. »Diese Entwicklung war der Übergang von der oralen zur visuellen Kommunikation und ging mit einer zunehmenden Abstraktion einher.«

Yannick Carré interpretiert diesen Prozeß als Niedergang der sozialen und spirituellen Einheit, die die mittelalterliche Gesellschaft im 12. Jahrhundert anstrebte, als Bruch des inneren Zusammenhalts und Ende einer Zeit, in der sich alle Gemeindemitglieder als Teil einer großen Familie fühlten, die im Leib Christi vereint war.

Der Kuß war allerdings nicht nur Ausdruck der Sehnsucht nach einer harmonischen Gemeinschaft, sondern auch Ausdruck der individuellen fleischlichen Sehnsucht, die charakteristisch für das mittelalterliche Christentum war. Der Wunsch nach einer Einheit von Körperlichkeit und Spiritualität, bei der der Kuß das Fleisch vergeistigt und den Geist empfänglich macht, nahm in der Mystik mitunter Formen an, die uns heute in Staunen versetzen.

Der Fall des Abts Rupert von Deutz, der im Traum von Jesus Christus auf den Mund geküßt wurde, war für die Epoche der Mystik mit ihren erotischen Phantasien nichts Ungewöhnliches. »Als ich so eilends eingetreten war, ergriff ich den, den meine Seele liebt, hielt ihn, umarmte ihn und küßte ihn ganz lange. Ich fühlte, wie gern er dieses Zeichen der Liebe zuließ, da er selbst unter Küssen seinen Mund öffnete, damit ich tiefer küssen konnte.« Mit Jean-Claude Schmitt [41] interpretiert Yannick Carré diesen Text als Beweis für die Bedeutung des Kusses, der die »höchste Stufe« der sexuellen Metapher darstellte – zumindest, wenn man innerhalb der Grenzen der vom Kirchendogma auferlegten Sittlichkeit bleibt. Auch das Hohelied Salomos, der mystische Leitfaden des

12. Jahrhunderts, das »Lied der Lieder«, wird durch einen solchen Kuß eröffnet. Man muß betonen, wie kühn dieser innige Kuß auf den Mund war, da er weit über eine einfache Berührung der Lippen hinausging. Er war keine abstrakte, sondern ein überaus konkrete Handlung, die so wirklichkeitstreu wie möglich geschildert wurde. Dies verwundert nicht, wenn man bedenkt, daß der Kuß Körperliches, Affektives und Spirituelles vereint. Er ist das beste Mittel, um eine tiefe Verbindung zwischen zwei Menschen herzustellen.[42]

Der Friedenskuß wird nicht nur anläßlich von Taufen, Beichten, Priesterweihen und Begräbnissen gegeben. Auch bei Eheschließungen bekommt die Braut nach dem Agnus Dei vom Priester den Friedenskuß. In seinem großartigen Roman *I Promessi Sposi* (dt. *Die Brautleute* oder *Die Verlobten*) schildert Alessandro Manzoni dieses »osculum pacis« in einer pathetischen Szene, in der Fra Cristoforo von einem Adeligen vergeben wird, dessen Sohn er getötet hat.

Eine andere – laizistische – Form des Friedenskusses ist das in Frankreich berühmte *»baiser de Lamourette«* (der Kuß des Lamourette). Am 7. Juli 1792, als die österreichischen und preußischen Armeen auf Paris zumarschierten und die gesetzgebende Versammlung sich heillos zerstritten hatte, hielt Lamourette, der Erzbischof von Lyon, eine flammende patriotische Rede und mahnte die Abgeordneten, ihren Zwist beizulegen: Sie waren von seiner Rede so berauscht, daß sie einander in die Arme fielen und sich küßten. Doch die Eintracht hielt nicht lange vor. Schon am nächsten Tag flammte der Streit wieder auf. Zwei Jahre später starb Lamourette durch die Guillotine. Das Volk rief dem allzu optimistischen und großzügigen Bischof mit gnadenloser Ironie zu: »Küß Charlot, Lamourette, los, küß Charlot.« Charlot war der Henker. Die französische Redewendung *»un baiser de Lamourette«* bezeichnet noch heute sarkastisch allzu vorschnelle Versöhnungen.

# In aller Munde

Statistiker haben herausgefunden, daß an einem Zungenkuß mindestens 29 Muskeln, davon 17 Zungenmuskeln, 9 mg Wasser, 0,18 mg organische Substanzen, 0,7 mg Fett, 0,45 mg Salz, Hunderte von Bakterien und Millionen von Viren und Keimen beteiligt sind. Da man mit den Lippen küßt, kommt dem Mund bei dieser wichtigen und atavistischen Handlung eine zentrale Rolle zu. Aufgrund des menschlichen Körperbaus ist der Mund von allen erogenen Zonen dem Gehirn am nächsten, dem Sitz der Gedanken und Gefühle. »Was gibt es Intimeres als einen Kuß? Er gibt dem Menschen die Möglichkeit, sich völlig preis- und anheimzugeben«, schreibt Jean-Luc Tournier in seinem *Kleinen Kuß-Lexikon*.[43] Die zentrale Rolle des Mundes geht auf seine wichtigste Funktion, die Nahrungsaufnahme zurück, aber auch auf seine Fähigkeit zu berühren, Kontakt herzustellen und eine Beziehung aufzubauen.

## Gaumenfreuden

Nahrungsaufnahme und Gefühlswelt sind in der Tat auf eine archaische Weise miteinander verknüpft, und zwar von Geburt an. Ein Kuß ist zweifellos der intimste Kontakt zwischen zwei Menschen, wenn man einmal von der Berührung der Geschlechtsteile absieht. Freud hat darauf hingewiesen, daß der Kuß den Sexualapparat als solchen nicht mit einbeziehe, dafür aber den Eingang des Verdauungsapparats. Manche haben daraus den vorschnellen Schluß gezogen, für Freud sei der leidenschaftliche Kuß nichts besonders Anziehendes.

Die Verbindung zwischen Küssen und Nahrungsaufnahme ist hinlänglich bekannt. So gab es im alten Ägypten nur ein einziges Wort für »essen« und »küssen«. Von frühester Kindheit an führen wir Gegenstände, die uns lieb sind, zum Mund. Der angeborene Saugreflex ist der ontogenetische Vorläufer des Kusses, und der Mund ist im ersten Lebensjahr die primäre Lustquelle des Säuglings. Der Stellenwert des Kusses in der Liebe gründet sich hauptsächlich auf die physiologische Verwandtschaft von Nahrungsaufnahme, Sexualität und Wohlbefinden. Der amerikanische Schriftsteller F. Scott Fitzgerald schreibt mit beißendem Spott: »Der erste Kuß fand statt, als das erste männliche Reptil das erste weibliche Reptil leckte und ihm dabei auf eine subtile, schmeichelhafte Art zu verstehen gab, daß es so lecker war wie das Reptil, das es am Abend zuvor zum Dinner verspeist hatte.«[44]

Unser Geschmackssinn sagt uns, was wir gerne essen. Sowohl beim Essen als auch beim Küssen nehmen wir etwas anderes (oder jemand anderen) in uns auf, verleiben es uns gleichsam ein. »O Kuß! geheimnisvoller Trank, den die Lippen sich wie Zauberbecher gegenseitig reichen«, schreibt der romantische Dichter Alfred de Musset in *Bekenntnisse eines Kindes seiner Zeit.*[45] In *Leukippe und Kleitophon* von Achilleus Tatios, ein Werk, in dem der griechische Autor die päderastische Liebe preist, vertritt Menelaos die Meinung, die Küsse der Jünglinge besäßen zwar nicht die weibliche Gewandtheit, ihre Küsse seien aber aufrichtiger und natürlicher, da sie nicht dem Ränkespiel der Frauen unterlägen. Ihm zufolge gleichen die Küsse der Jünglinge einem Nektar, der geronnen und zu Lippen geworden ist.[46]

Die Sehnsucht, den Geliebten mit den Lippen zu berühren, wird häufig mit einem nagenden Hunger oder einem unlöschbaren Feuer verglichen. Es ist, als versuchte man im Traum vergebens, inmitten eines reißenden Stroms seinen Durst zu stillen. Diesen literarischen Topos verwendet auch der italie-

nische Renaissanceschriftsteller Baldassare Castiglione in seinem *Buch vom Hofmann*. Darin geißelt Pietro Bembo die Sit-
tenlosigkeit der Jugend, die in Küssen schwelge und deren
Wollust unerschöpflich sei: »Und obwohl sie in dem blinden
Wahn, von dem sie berauscht sind, im Augenblick Vergnügen
zu empfinden scheinen, wie zuweilen Kranke, die im Traum
aus einer klaren Quelle zu trinken glauben, sind sie trotzdem
nicht zufrieden und beruhigt.«[47] Ihm zufolge kann Wollust
keine Erfüllung bringen. Als Beweis führt er die Jünglinge an,
die sich immer wieder zügellos ihren Trieben hingäben, und
doch niemals Befriedigung fänden: »Sie kehren im Gegenteil,
von der Ähnlichkeit betrogen, sofort zum zügellosen Verlangen zurück und empfinden mit derselben Unruhe, die sie zuvor verspürten, den wütenden und brennenden Durst nach
dem, was sie vergebens vollkommen zu besitzen hoffen.«

Natürlich ist hinlänglich bekannt – und Äsop ist daran
nicht ganz unschuldig –, daß der Mund ein mehrdeutiges Organ ist. Einerseits besitzen wir durch ihn die Fähigkeit zu
sprechen, da er uns in die Lage versetzt, Worte zu erzeugen
und Gedanken zu artikulieren. Zudem ist der Mund die Kör-
peröffnung, durch die der Atem strömt, und zwar nicht nur
der physiologische Atem (»flatus«) sondern auch der Lebensatem (»spiritus«). Auch der göttliche Odem wird durch den
Mund empfangen. Die Bibel erzählt in der Genesis (2, 7), wie
Gott Adam den Lebensatem einhauchte: »Da formte Gott,
der Herr, den Menschen aus Erde vom Ackerboden und blies
in seine Nase den Lebensatem. So wurde der Mensch zu einem lebendigen Wesen.« Jedoch können der Lebensatem und
die Seele auch durch den Mund entweichen. Bildliche Darstellungen, auf denen die Seele im Moment des Todes durch
den Mund entschwindet, reichen weit in die Vergangenheit
zurück. Dieser Aberglauben führte dazu, daß manche Frauen
(und Männer) einen geliebten Toten küßten, um seine Seele
in sich aufzunehmen, damit sie nicht verloren ging. In Rom

49

und Gallien war dieser Glaube weit verbreitet – im Jahre 578 stellte das Tribunal von Auxerre den Brauch, einen Toten auf den Mund zu küssen, um seine Seele aufzusaugen, unter Strafe.

Wie köstlich sind hingegen die Küsse, bei denen die Mutter zum Kind sagt: »Ich habe dich zum Fressen gern!« Es gibt nichts Schöneres als einen aufrichtigen Kuß. Seit dem Hohelied Salomos mangelt es nicht an Bildern und Metaphern, um Lippen zu beschreiben, die wie Milch und Honig schmecken. Der Chansonsänger Pierre Perret hat ein Lied über solche Küsse verfaßt: »Zézettes Küsse schmecken so salzig, so süß, so köstlich / wie eine Apfeltasche.« Denn ein Kuß ist Labsal für den Mund, so wie der Anblick eines schönen Mundes Labsal für die Augen ist – zarte Lippen, weiße Zähne und eine rosige Zunge sind eine Augenweide. Im Barockzeitalter pries Jean Godard (1564–1630) die Lippen in einem Gedicht:

Sa belle lèvre couraline,
Sa belle lèvre cristalline,
qu'on peut rouge et blanche appeler,
Est une marguerite franche
Qui fait, tant elle est rose et blanche
Les regardants émerveiller.

Ihre schönen korallenfarbenen Lippen
Ihre schönen kristallfarbenen Lippen,
die man rot und weiß heißen könnte,
sind eine frisch gepflückte Margerite
so rosa und weiß,
daß sie den Betrachter entzücken.

Isaac Hubert rühmt zur gleichen Zeit den köstlichen Nektar der nach Zucker und Ambrosia schmeckenden Küsse:

J'ai cette nuit goûté les plus douces douceurs
Du breuvage des dieux, de la manne prisée,
Du miel, du sucre doux, de la douce rosée,
Que l'aube en larmoyant répand dessus les fleurs.

[...] j'ai ma lèvre posée
sur la lèvre vermeille, où mon âme embrasée
avec Amour humait mille douces liqueurs.


Heute Nacht habe ich die süßeste Süße gekostet
Ein Göttergebräu, gepriesenes Manna,
Honig, süßen Zucker, frischen Tau
Den die Tränen der Morgendämmerung über die Blumen sprengen.

[...] ich lege meine Lippen
auf die tiefroten Lippen, von denen mein brennendes Herz,
mit LIEBE tausend süße Tropfen trinkt.


Der französische Dichter François Scalion de Virbluneau besingt im 16. Jahrhundert einen honigsüßen Kuß, der nach
Nektar, Zimt, Zucker, Balsam, Thymian, Aprikose und einer
Rose zwischen halbgeöffneten Lippen duftet. Damit lenkte er
den Blick auf das Geschmackserlebnis bim Küssen. Der Kuß
als Speise und Trank hat häufig eine religiöse Konnotation.
So heißt es bei Proust: »Wenn ich mir jetzt vorstelle, daß
meine Freundin [...] jeden Abend sehr spät, bevor sie mich
verließ, noch ihre Zunge in meinen Mund schob wie das täg-
liche Brot, eine stärkende Nahrung mit dem fast geweihten
Charakter alles Leiblichen, dem durch Leiden, die wir um sei-
netwillen erdulden, letztlich eine Art von seelischer Süße zu-
gesetzt wird.«[48] Auch der Gutenachtkuß der Mutter, den der
Sohn in der inzestuösen Atmosphäre seines Schlafzimmers
bekommt, erinnert an ein heiliges Ritual: »Hatte ich sie nun
aber erzürnt, so machte das die ganze Beschwichtigung mei-

nes Herzens, die sie mir einen Augenblick zuvor geschenkt hatte, als sie ihr liebevolles Antlitz über mein Bett neigte und es mir darbot wie die Hostie einer Friedenskommunion, bei der meine Lippen ihre leibhaftige Gegenwart und die Kraft einzuschlafen von ihr empfingen.«[49]

Das Bild der Lippen, von denen man trinkt, zeichnet Gabriele d'Annunzio meisterhaft in *Vielleicht, vielleicht auch nicht*. Er entwickelt die Metapher von den »tausend süßen Likören« weiter, die aus dem Petrarkismus bekannt ist, und beschreibt den leidenschaftlichen Kuß als göttlichen Lebenssaft, der noch den größten und geheimnisvollsten Durst stillt, gleich einem erfrischenden Bach oder einem reißenden Strom:

> »Ich kann nicht mehr!« Welchem von beiden entrang sich dieses Stöhnen? Noch waren ihre Lippen getrennt, aber im Drange waren sie eins. »Ich kann nicht mehr!« [...] Er flüsterte ihr das Wort in den Mund, unter ihre Zunge. Er flüsterte ihrs tief in die Kehle. Seine Finger hielten ihr Kinn und seine Lippen ihren Atem, ihren tiefsten Atem, den Atem, von dem nur das Blut weiß, die Träume und Gedanken. [...] Er tat den ersten Trunk. Ein göttlicher Saft hatte ihm mit einem Male den nackten Kelch bis zum Rand gefüllt. Und um keinen Tropfen zu verlieren, legte er die Linke hinter ihren Nacken – mit der Rechten hatte er ihr Kinn gefaßt – und hielt so ihr schönes Haupt, wie man ein Gefäß ohne Henkel hält. Und hielt es fest, umklammerte es zu fest. Ein Instinkt weckte in seiner Wollust etwas von der Idee des Saugens, etwas von jenem ersten Trieb des blinden, neugeborenen Menschenkindes. Ihm wars, als stillte er zum erstenmal seine eigene, tiefste Unschuld.[50]

## Vampirismus

Bei der Formulierung »vom anderen trinken« kommen einem sogleich Vampire in den Sinn, die sich vom Blut ihrer Opfer ernähren, um ihr Leben über den Tod hinaus zu verlängern. Die Verführung durch den Vampir, die Faszination, die er auf sein Opfer ausübt, mündet nicht in einen Kuß, sondern in einen Biß. Es handelt sich nicht mehr um einen Austausch, also nicht um jene Gegenseitigkeit, die ein wesentliches Merkmal des Kusses ist. Vielmehr geht es darum, dem anderen seinen Lebenssaft auszusaugen, ohne etwas dafür zurückzugeben (außer der Krankheit, die durch den Biß auf das Opfer übertragen wird). So wird der andere in einen weiteren Vampir verwandelt, damit beide fortan als Gleichgesinnte ihr Unwesen treiben können.

Théophile Gautier schildert in seinem Gedicht *Tâches jaunes* (Gelbe Flecken), wie die Erinnerung an die Toten, die als Geister umherspuken, die Lebenden nicht mehr losläßt. Die Verse aus dem Jahr 1844 widmete er seiner Geliebten Cydalise, die an Schwindsucht litt und früh verstarb:

S'il faut croire un conte sombre
Les morts aimés autrefois
Nous marquent ainsi dans l'ombre
Du sceau de leurs baisers froids.

Wenn man einem finsteren Märchen Glauben schenken muß
Zeichnen uns die einst geliebten Toten
Im Schatten
Mit ihrem kalten Kuß.

Für Gautier, der sich in der Liebe bisweilen wie ein Pascha benahm, mußte die perfekte Geliebte etwas von einem Vampir haben. In *Die Liebesnacht von Pompeji* beschreibt er Arria Marcella als eine Art Vampir-Kurtisane, der die Männer verfallen. Ihr Vater wirft ihr vor, sie um ihr Seelenheil zu bringen. Denn die Wollust zehrt an den Kräften: »Zwei solcher Küsse saugten alle Säfte aus einem ganzen Leben und entleerten völlig Seele und Leib«, schreibt Gautier in *Mademoiselle de Maupin*.[51] Die »Javanerin« scheint für ihn der Inbegriff des sexuellen Vampirismus zu sein. Gautier beschreibt diese faszinierende Figur in *Fortunio* mit folgenden Worten: »Sie entstammte der Rasse jener gefährlichen Javanerinnen, reizenden Vampyren, die einen Europäer in drei Wochen erledigen, indem sie ihm jeden Tropfen Blut und Gold abzapfen, so daß er dürftiger übrigbleibt als eine Zitrone, aus der man eine Limonade gepreßt hat.«[52] In seinen Notizen zu Baudelaire bezeichnet er die Javanerinnen, von denen er regelrecht besessen war, als Vampire der Liebe und Dämone des Tages, die ihren Opfern das Blut und die Seele aussaugten. Schon in der Zeitung *La Presse* (1837) nannte er die Schauspielerinnen des 18. Jahrhunderts reizende Blutegel, die es auf das Geld der Finanziers und Adligen abgesehen hätten.

Der Vampirismus ist insofern zweideutig, als er nicht auf die körperliche Zerstörung des Opfers abzielt, sondern als Metapher für glühenden Lebenshunger dient. Bei Théophile Gautier hat Liebe immer etwas Vampirhaftes, und die Opfer sind stets willig. In seiner fantastischen Erzählung *Die verliebte Tote* gibt sich Romuald, der Held, aus Liebe Clarimonde hin, einer Vampirin. Er gibt ihr freiwillig sein Blut, so wie eine Mutter ihrem Kind Milch gibt. Die Vampirszenen ähneln Stillszenen:

> Sie sprang mit tierischer Beweglichkeit vom Lager, mit der Behendigkeit eines Affen oder einer Katze, und stürzte sich auf meine Wunde, die sie mit wollustverzerrter Miene auszusaugen begann. Tropfenweise schlürfte sie das Blut, langsam, wie ein Feinschmecker, der einen köstlichen Sherry oder Syrakusaner Wein genießt. Dabei drückte sie die Augen halb zu, und die Pupille ihrer grünen Augäpfel war länglich geworden. Von Zeit zu Zeit unterbrach sie ihre Tätigkeit, um mir die Hand zu küssen, dann begann sie von neuem, ihre Lippen an die Ränder der Wunde zu pressen, um noch einige Tropfen herauszu-

bekommen. Als der Blutquell endlich versiegt war, stand sie auf, das Auge feucht und glänzend, die Haut rosiger als ein Maienmorgen, mit vollen Wangen, warmen, weichen Händen, schöner denn je und vollkommen gesund.[53]

Der Geliebte geizt nicht mit seinem Blut: »Ich hätte mir selbst die Adern geöffnet und ihr zugerufen: ›Trink! möge meine Liebe mit meinem Blute deinen Körper durchdringen!‹«

## Das Abscheuliche küssen

Der Kuß ist ein zutiefst schöpferischer Akt, da er Menschen, die zu Statuen erstarrt, im Tode gefangen, oder durch einen Schicksalsschlag gelähmt sind, (wieder) zum Leben zu erwekken vermag.[54] Er kann wundersame Verwandlungen herbeiführen, wie die des häßlichen Froschs in einen Märchenprinz. Man muß nicht Bruno Bettelheim gelesen haben, um zu verstehen, welchen Sinn ein Kuß hat, der einem abstoßenden Geschöpf gegeben wird. In vielen Märchen steht die erste Begegnung der Schönen mit dem Biest im Zeichen von Furcht und Ekel. Doch bald kehrt sich die Situation in ihr Gegenteil, und die verabscheute Kreatur entwickelt einen eigentümlichen Charme und Reiz.

So wie man den wohlriechenden Atem des Geliebten oder der Geliebten in den höchsten Tönen lobt, schmäht man unermüdlich den abstoßend üblen Mundgeruch anderer Zeitgenossen. Bereits in der Antike finden sich Zeugnisse dafür, zum Beispiel Catulls Spottgedichte: »Nein, bei den Göttern – nie hätt ich geglaubt, daß ein Unterschied wäre, ob des Aemilius Maul oder den Hintern man riecht. Saubrer ist nicht das eine und unsaubrer auch nicht der andere, aber sein Hintern vielleicht saubrer und besser noch ist: so ohne Zähne. Sein Maul hat Hauer, anderthalb Fuß lang, uraltem Kutschpolster gleich ist auch das Zahnfleisch ein Dreck, obendrein tut sich ein Rachen auf, so weit wie im Sommer eines Maultieres Loch, wenn es zu pissen beginnt.«[55] Der Mund wird durch den Vergleich mit dem Anus herabgewürdigt und Aemilius mit einem Tier auf eine Stufe gestellt. Denn nicht alle Küsse sind willkommen und wohlgelitten. Es gibt keine vielsagendere Geste, als sich nach einem Kuß den Mund abzuwischen! Viele Kinder ekeln sich davor, ältere Menschen zu küssen. Denn Häßlichkeit, Körpergeruch, faltige Haut und andere Stigmata des Alters genießen kein hohes Ansehen. George Sand, die 1804 geboren wurde und eine überzeugte Verfechterin der Republik war, spottet in ihrer Autobiographie *Geschichte meines Lebens* über die alten adligen Damen des 18. Jahrhunderts:

> Frau von Troussebois, Frau von Jatteau und all die Andern, deren Namen ich nicht mehr weiß, hatten bald ein Kinn, das mit der Nase zusammenstieß, bald ein Mumienangesicht; die Jüngste aus der Versammlung war eine blonde Chanainesse, deren ziemlich hübscher Kopf von einem zwergenhaften, mißgestalteten Körper getragen wurde. Obwohl sie ein Fräulein war, hatte sie das Privilegium Madame zu heißen und ein Ordensband auf ihrem Buckel zu tragen, denn sie zählte sechzehn Ahnen. Dann war da noch eine Frau von Hasfeld oder Hatzfeld, deren Wesen und Manieren an einen alten Feldwebel erinnerten; (dann eine Madame Dubois, die Einzige, die keinen »Namen« besaß, dagegen aber auch gar nichts Lächerliches hatte.) Ich weiß nicht, welche Andere eine dicke, violette Lippe hatte und deren Küsse mir im höchsten Grade widerwärtig waren.[56]

Manche Küsse haben es in sich. In Pigault-Lebruns Roman *L'Enfant du carnaval* (Das Kind des Karnevals) wird der Protagonist Happy von einer kleinen Frau geküßt, »die alt wie Herodes, trocken wie eine Bodendiele, gerunzelt wie eine Gewürzgurke und häßlich wie die sieben Todsünden« ist und in einem Loch unter der Treppe haust. Sie bietet an, einen von Happy verfaßten Brief zu überbringen und tröstet ihn. Als sie ihn küßt, »spuckte sie ihm ihren letzten Zahn ins Gesicht und huschte wieder in ihr Loch.« Das ist noch eine recht nette Beschreibung der Alten, deren gute Absicht ihre Häßlichkeit und Altersschwäche nicht kaschieren kann. Durch die ironische Distanz der Erzählung ähnelt sie einer Maus, die aus ihrem Loch huscht, und an jene hilfsbereiten Tiere in Märchen, die trotz ihrer wenig einnehmenden Züge dem Helden im entscheidenden Moment zur Hilfe kommen. Dennoch hat dieser Kuß etwas Unappetitliches, da er mit dem letzten Kuß eines Sterbenden (»ihr letzter Zahn«) und mit Auswurf (»sie spuckte ihm ihren letzten Zahn ins Gesicht«) verglichen wird. Das Alter des Küssenden ist folglich ausschlaggebend für den Wert und die Bedeutung eines Kusses.

Von abstoßenden, klebrigen, speicheltriefenden und unappetitlichen Küssen gelangt man schnell zu richtig widerwärtigen Küssen, wie sie Samuel Beckett in *Malone stirbt* schildert. Malone, ein bettlägeriger Alter, küßt seine Krankenschwester Moll: »Indem sie daraufhin ihre Kiefer aufsperrte und ihre Unterlippe zwischen Daumen und Zeigefinger ans Kinnbärtchen hinabzerrte, stellte sie, als einzige Unterbrechung der Monotonie des Zahnfleischs, einen langen, gelben, sehr nackten Eckzahn bloß, der, mit der Fräse wahrscheinlich, so bearbeitet war, daß er das berühmte Sacrificium darstellen sollte.«[57] Dieses Artefakt steigert seine Lust sogar noch: »Und an dem Vergnügen, das er später hatte, wenn er seine Zunge in ihren Mund steckte und über ihr Zahnfleisch schweifen ließ, war dieses Zahnstumpfkruzifix gewiß nicht unbeteiligt. Aber welche Liebe ist frei von diesen harmlosen Simultanien?« Durch den Zahn, der wie ein Kreuz geformt ist, wird auf die religiöse Bedeutung des Kusses angespielt.

Jean Richepin wiederum fand eine Metapher für den Kuß, die seine Zeitgenossen in der zweiten Hälfte des 19. Jahrhunderts widerwärtig fanden: »Der Speichel deiner Küsse schmeckt wie ein Bonbon.«[58] Der Speichel bekommt hier eine poetische Funktion, da er »vielleicht noch den Geschmack eines frühren Kusses in sich trägt«.[59] Man möchte »einen großen Schluck« von ihm nehmen. Der Speichel kann auch nach anderen Leckereien (etwa nach Früchten oder Eis) schmekken, auch wenn manchmal der Ekel obsiegt und die Phantasien von einem »wundersamen Elixier«, das bisweilen mit Muttermilch verglichen wird, zunichte macht: »Sie schloß ihre Lippen um meine, hielt sie fest wie eine Frucht, aus der man allen Saft saugen möchte, und flößte mir Tropfen für Tropfen ihren säuerlichen Speichel ein, wie geschmolzenen Rauhreif, wie brennendes Eis.«[60] Ende des 19. Jahrhunderts reduzierten die Schriftsteller der Dekadenzliteratur den metaphysischen Speichel (der als mütterlich und nahrhaft, als Labsal oder berauschende Droge beschrieben wurde) auf Magensaft, Schleim und Sekret. Und da das Fleisch müde war, wie Stéphane Mallarmé klagt, hatte gleichzeitig der körperlose Kuß der Hygienefanatiker Konjunktur. »Es ist den Lippen verboten, sich an einen geliebten Mund zu heften und dort Vergessen und Ekstase zu finden wie durch einen Zaubertrank.«[61]

Das bekannteste Beispiel für die Pathologisierung des Kusses in der Literatur der Dekadenz ist eine Szene in Octave Mirbeaus *Tagebuch einer Kammerzofe*, in der Célestine einen tuberkulosekranken jungen Mann namens Monsieur Georges küßt. Allerdings ist hier Erpressung im Spiel, da der Kranke an ihr Mitleid appelliert: »Warum solltest du mich auch lieben? Du hast ja recht, es nicht zu tun ... du glaubst, ich sei krank ... hast Angst, deinen Mund durch meinen verpesteten Atem zu vergiften ... und dich anzustecken, durch einen einzigen Kuß meine tödliche Krankheit in sich aufzunehmen ... du hast recht.«[62] Sie findet seine Worte zwar ungerecht und bösartig, hat aber Mitleid mit dem Kranken, weil seine Hände feucht und heiß sind und sein Atem »wie Feuerhauch« ist.

Daraufhin geht er zur zweiten Stufe der Erpressung über: »Ein Kuß von dir ... das wäre meine Auferstehung ... mein Anschluß an das Leben.« Das Argument ist geschickt: Ein Kuß bedeutet Leben, kein Kuß den Tod. Célestine gibt schließlich seinem Drängen nach, ergreift theatralisch Monsieur Georges Kopf und ruft dabei aus: »Hier hast du meine Angst! Siehst du, hier hast du sie!«

Die verhängnisvolle Umarmung Célestines und des jungen Tuberkulosekranken ist ein Beweis für die Anziehungskraft, die Schwindsüchtige auf eine bestimmte literarische Tradition ausübten, deren Prinzipien der italienische Literaturwissenschaftler Mario Praz untersucht hat.[63] Für den Dekadenzschriftsteller symbolisiert der Schwindsüchtige das letzte Aufbäumen einer todgeweihten Gesellschaft, den Schrei einer untergehenden Zivilisation. Der Kuß wird mit Gewalt und Tod assoziiert: »Mit wilder Erregung trank ich den bitteren Tod aus seinem Mund. Ich schminkte mir die Lippen mit seinem Gift ... Einmal bekam er in meinen Armen einen ungewöhnlich heftigen Hustenanfall, auf seinen Lippen erschien scheußlicher, blutiger Auswurf. ›Gib ... gib!‹ Mit mörderischer Gier schluckte ich den Auswurf, als wäre er Medizin.«[64]

Hier ist der Kuß nicht mehr ein Austausch des Lebensatems, sondern im Umkehrschluß der Austausch eines tödlichen Gifts. Bei Octave Mirbeau sind die Küsse auch für den Kranken verhängnisvoll, da sich seine Anfälle verschlimmern und immer häufiger auftreten. Selbst die Ärzte können sich das erstaunliche Fortschreiten der Krankheit nicht erklären, die den jungen Mann in ein kraftloses Gerippe verwandelt – die Wollust als Vampir, genauer gesagt als Vampirin.

Joséphin Péladan spricht vom »Kuß als Biß einer Raubkatze«[65], um ein weibliches Tier herauszubeschwören, das seiner Beute auflauert.

Auf einem Gemälde von Félicien Rops kriecht eine Frau zu den Ohren einer Chimäre, um ihr ein Geheimnis zuzuflüstern.

Sie schlingt ihr die Arme um den Hals, streichelt sie, und ihr schöner Körper windet sich auf dem Rücken des Tiers. Octave Mirbeau interpretiert die Szene folgendermaßen: »Kann es ein besseres Symbol für die Sünde geben als diese Frau, in deren Augen die Wollust glüht, deren Lippen vor Küssen strotzen und die sich auf der steinernen Statue räkelt, um ihr ein Geheimnis anzuvertrauen, das der Teufel sich holt?«

Die Poetik des Speichels (die der Literaturwissenschaftler Jean de Palacio mit viel Sachverstand erforscht hat) wird demnach durch eine Poetik der todbringenden Küsse ergänzt, die die Phantasie der Dekadenzschriftsteller an der Wende vom 19. zum 20. Jahrhundert bevölkerten.

## Ein Kuß – und nichts ist mehr wie zuvor

Ob nun erotisch oder romantisch, ein Kuß vermag zu verändern, zu verwandeln. Ein Kuß kann das Feuer der Leidenschaft entfachen. Saint-Preux, der Held in *Die neue Heloise* von Jean-Jacques Rousseau, macht diese Erfahrung, als er mit seinen Freundinnen spazieren geht. Julies Cousine kommt zu ihm und bettelt zum Scherz um einen Kuß: »Wir traten ein; mit Erstaunen sah ich Deine Cousine zu mir treten und mit komisch bittender Miene einen Kuß fordern. Ohne zu wissen was dahinter steckte, umarmte ich die anmutige Freundin, und so liebenswürdig, so reizend sie ist, habe ich doch niemals mehr gefühlt, daß die sinnlichen Empfindungen nicht sind, als was das Herz aus ihnen macht.«[66] Er wird sogleich widerlegt: Julie küßt ihn, und er hat das Gefühl, ein Blitz wäre vom Himmel gefahren und hätte ihn in Brand gesetzt. Vor ihm tut sich ein Abgrund der Leidenschaft auf: »Was hast Du getan! Ach, was hast Du getan, meine Julie! Du wolltest mich belohnen, und Du hast mich zugrunde gerichtet. Ich bin trunken, nein, ich bin unsinnig. Meine Sinne sind mir verrückt, alle meine Lebenskräfte in Aufruhr, durch diesen tödlichen Kuß. Du wolltest meine Pein lindern! Grausame, Du steigerst sie. Gift habe ich von Deinen Lippen gesogen; es siedet, es verbrennt mein Blut; es bringt mich um, und Dein Erbarmen mordet mich.«[67] Der Kuß ist hier nicht nur ein Initiationsritual, sondern löst zudem eine Verwandlung aus.

Der französische Schriftsteller Mirabeau legt einem jungen Mädchen in *Lauras Erziehung* folgende Worte in den Mund: »An einem jener Tage, an dem er mich mit den heißesten Küssen überschüttete, welche ich ihm tausend- und abertausendfach und ebenso zärtlich erwiderte, während sich unsere Münder mehrere Male aufeinanderpreßten und seine Zunge mir sogar die Lippen befeuchtete, fühlte ich, wie mir ganz anders wurde.«[68] Diese Metamorphose erinnert an Ugo Foscolos *Letzte Briefe des Jacopo Ortis*, in denen Jacopo ausruft, nachdem er von Teresa einen Kuß bekommen hat: »Fast zum Gott bin ich nach jenem Kusse geworden.«[69]

Die Empfindungen und Rauschzustände, die ein Kuß auslösen kann, sind mannigfaltig. Doch keiner reicht an den allerersten Kuß heran, den Jean Paul als einzigartig bezeichnet. Durchdrungen von Rousseauscher Empfindsamkeit, greift er sowohl in seinen Romanen als auch in seiner Kurzprosa auf den literarischen Topos des ersten Kusses zurück.

In einem Schäferroman des griechischen Schriftstellers Longos, einem Zeitgenossen von Apuleius, bekommt Daphnis von Chloë seinen ersten Kuß:

Was tut mir nur Chloës Kuß? Ihre Lippen sind zarter als Rosen, ihr Mund süßer als Honigscheiben, ihr Kuß aber herber als der Stachel der Biene. Oftmals hab' ich Böckchen geküßt, oft auch küßt' ich junge Hunde und das Wildkalb, Dorkons Geschenk; aber dieser Kuß ist von neuer Art. Hastig drängt sich der Atem heraus, das Herz schlägt gewaltig, meine Seele zerrinnt, und doch will ich wiederum küssen. O feindlicher Sieg! O neue

Krankheit, von der ich nicht einmal den Namen weiß. Hatte Chloë etwa Gift gekostet, ehe sie mich küßte? Warum starb sie denn also nicht? – Wie singen die Nachtigallen! Aber meine Syrinx schweigt. Wie springen die Böckchen! Und ich sitze müßig. Wie blühen die Blumen! Und ich flechte keine Kränze. Das Veilchen und die Hyazinthe blüht. Daphnis aber welkt dahin.[70]

Diese Passage schildert meisterhaft die erste Überraschung, den Schock, den eine Berührung hervorruft, die zunächst als Aggression empfunden wird – ein Bienenstich, denkt Daphnis, ein Fieber, das den ganzen Körper befällt. Dieses überwältigende Gefühl läßt ihn schwindeln, es vernebelt dem jungen Mann die Sinne. Er hat keine Ahnung, warum sein Herz zu klopfen beginnt und er errötet, sobald er Chloës Gesicht betrachtet. Diese Gefühle sind beunruhigend neu. Die Widersprüchlichkeit seiner Empfindungen wühlt ihn auf: Chloës Lippen sind weich, und doch spürt er einen Stich. Deshalb fragt sich der arglose Schäfer, ob die schöne Chloë sich die Lippen nicht mit Gift bestrichen habe. Denn er ist vergiftet, krank, sein Atem geht stoßweise, sein Herz klopft zum Zerspringen, er hat Krämpfe, und sein Verstand ist wie gelähmt. Longos' virtuose Schilderung der zwiespältigen Gefühle, in denen sich Hitze und Kälte, Zärtlichkeit und Gewalt, Aufruhr und Erstarrung mischen, diente vielen Schriftstellern als Vorbild.

Das Aufregende an einem Kuß ist zumeist sein Überraschungsmoment: Man entdeckt ein neues Gesicht, einen Duft, eine Berührung, die Wärme eines anderen Menschen, einen lebendigen, pulsierenden Körper, man macht neue Erfahrungen, und es kommt zu einer unverhofften Begegnung.

Die unerwartete Liebe und der unvermutete Kuß sind die wesentlichen Triebkräfte der Rokokoästhetik, die die Sinnlichkeit und Vielfalt rühmte. Im 18. Jahrhundert spielte das

Motiv der Überraschung eine wichtige Rolle. Man bevorzugte das Zusammenhanglose, das Ungeordnete, das Spiel mit Asymmetrien sowie bizarre und originelle Effekte. Darüber hinaus kam der geschliffenen, geistreichen Konversation ein hoher Stellenwert zu, deren Merkmale die Pointe, der Esprit und die Schlagfertigkeit waren. In der Liebe übernimmt der Kuß diese Funktion. Er steht für das Unerwartete, die Neuentdeckung und Spontaneität. Die Erzählung *Nur eine Nacht* von Vivant Denon zeigt, wie Abwechslung zu aufregend neuen Erfahrungen führt und Küsse die Lust steigern können. Der Libertin weiß, daß es auf den Überraschungseffekt ankommt. Denn die Überraschung verleiht einem Macht über denjenigen, der sich überraschen läßt, und diese Überlegenheit ist ein wesentlicher Bestandteil der Verführungskunst.

Der Überraschungsangriff basiert zum Teil auf einem Täuschungsmanöver – im Militärwesen wird er als unerwartete Offensive mit dem Ziel, den Gegner überraschend zu schlagen, definiert. Doch der Vorstoß erfolgt nicht nur überraschend, sondern wird vor allem im Geheimen vorbereitet. Das Gelingen des Überraschungsangriffs hängt vom Grad der Geheimhaltung ab, weil der Gegner keinen Verdacht schöpfen darf. Diese Strategie gilt nicht nur für den Krieg, sondern auch für die Ästhetik und die Liebe.

Doch die Sprache der Küsse (die die vergleichsweise ausdrucksschwache verbale Äußerung ersetzt) wird nicht immer verstanden. So gibt es Lippen, die nein sagen, und Küsse, die ja sagen. In Victor Hugos *Lucretia Borgia* beschwert sich der Vasall Gubetta über die Prinzessin, die stets nein sagt, ein Motiv, das George Sand, Théophile Gautier und andere aufgegriffen haben. »In dem Munde eines Weibes ist das Nein der ältere Bruder des Ja.«[71]

## Der erste Kuß

Kommen wir noch einmal auf den ersten Kuß zurück, »durch welchen zwei Herzen voneinander Besitz nehmen«, wie Balzac in *Das Chagrinleder* schreibt. Dort umarmt Pauline Raphaël, nachdem dieser ihre Hände mit heißen Küssen bedeckt hatte: »Fest hielten sie sich umschlungen und drückten sich mit jener heiligen und seligen Glut aneinander, die frei von jedem Hintergedanken ist.«[72] Es gibt auch recht ungewöhnliche erste Küsse, wie der von Capitu, der Hauptfigur in dem Roman *Dom Casmurro* des brasilianischen Schriftstellers Machado de Assis:

> »Steh auf, Capitu!«
> Sie wollte nicht, sie hob auch nicht den Kopf. So blieben wir in dieser Stellung und sahen einer den anderen an, bis sich ihre Lippen leicht öffneten und meine, wie unter einem geheimen Zwang, sich senkten ...
> Ich vermag nicht zu sagen, was wir bei diesem Kuß empfanden. Capitu stand blitzschnell auf, und ich wich bis an die Wand zurück, wo ich mit einem Gefühl des Schwindels stehenblieb. Ich brachte kein Wort heraus, vor meinen Augen war alles dunkel. Als ich wieder zu mir kam, sah ich, daß Capitu den Blick gesenkt hatte. Immer noch wagte ich nicht zu sprechen, aber selbst wenn ich gewollt hätte, hatte ich nicht die Kraft, mich von der Wand zu lösen und mich mit tausend heißen und zärtlichen Worten auf Capitu zu stürzen ... Mach dich nicht über meine fünfzehn Jahre lustig, frühreifer Leser. Des Grieux war schon siebzehn und dachte noch nicht an die Verschiedenheit der Geschlechter! [73]

Man kommt nicht umhin, Jean Paul beizupflichten: Der erste Kuß ist unvergeßlich und einzigartig. Doch zumeist bleibt es nicht dabei, da ein Kuß zum anderen führt. Lawrence Block schildert in seinem Kriminalroman *Cinderella Sims* (1961), wie Küsse das Begehren entfachen können:

Ich küßte sie, und sie legte mir die Hände auf die Schultern, um mich ganz nah zu spüren. Sie schloß mich nicht gleich in die Arme, zog mich aber mit einer Zärtlichkeit an sich, der nur noch die Zärtlichkeit ihres Mundes auf meinem gleichkam. Ihre Lippen waren weicher als der Regen in ihrem Haar, und ihr Mund schmeckte nach Nektar und Ambrosia.

Der erste Kuß gefiel mir sehr, er war geschmeidig und fest, zärtlich und sanft, und doch ganz und gar befriedigend, zugleich erregend und keusch. Wir küßten uns mit geschlossenen Lippen, was ich heute kaum noch kann, und es war wunderbar. [...]

Der zweite Kuß war anders. Meine Zunge leckte an ihren Lippen, die sich daraufhin öffneten. Sie klammerte sich an mich, und die Glut verdrängte die Jungfräulichkeit. Ich erforschte mit der Zunge die hintersten Winkel ihres Mundes und schmeckte die unwiderstehliche Süße dieses Mädchens. Ich zog sie an mich und spürte ihre warmen, weichen Brüste gegen meine Brust.

Nach dem Kuß löste sie sich von mir. Ich nahm ihr hübsches Gesicht in die Hände und bedeckte es mit Küssen, die Augenlider, die Wangen, die kleinen Ohren und die kleine Nase. Sie schnurrte wie eine große Katze, die auf einem weichen Teppich vor einem warmen Feuer liegt.

Ich küßte ihren Hals, ihr Haar, ihren Nacken und spürte, wie das Begehren in ihr aufstieg, dem mein Begehren sogleich antwortete. Ihre Haut war samtweich, und ihre Haare dufteten nach frisch gemähtem Heu.


## Arithmetik und Symmetrie

Auch ein Kuß unterliegt mathematischen Regeln, denn auch in der Liebe wird gerechnet. So rechtfertigt Catull die hohe Anzahl an Küssen, die er sich wünscht, damit, daß das Leben so kurz sei. Kein schlechtes Argument!

Gib mir tausend und dann noch hundert Küsse,
wieder tausend und wieder hundert Küsse,
und aufs neue noch tausend und noch hundert.
Dann, wenn wir uns so viele tausend gaben,
durcheinander mit ihnen, sie vergessen,
daß kein Neider es böse und mißgönne,
wenn er wüßte, wieviel wir Küsse küßten![74]

Obwohl er den Neid der weniger Begünstigten verspottet, ist sich Catull der Flüchtigkeit des Augenblicks durchaus bewußt. »Viuamus, mea Lesbia«, laß uns leben, Lesbia, sagt er zu seiner Schönen, laß uns im Hier und Jetzt leben, da wir, »wenn unser kurzes Licht erloschen, eine ewige Nacht schlafen müssen«. Ein solches *Carpe diem* preist auch Horaz in seinen Oden. Jahrhunderte später folgt Ronsard diesem Beispiel mit seiner Aufforderung an Kassandra (»pflücke, pflücke deine Jugend«[75]) und seiner Warnung an Helena (»Lebe und warte nicht auf morgen / pflücke noch heute die Rosen des Lebens«[76]).

Wie Louise Labé, die ihren Geliebten um einen Kuß anfleht und sich im Gegenzug recht großzügig zeigt (»Küß mich noch mehr, ach, küsse mich, ach, küsse, / Gib mir von deinen überwonnevollen, / Gib mir von deinen überliebestollen, / Ich geb' dir vier so heiß wie Glutergüsse«)[77], zählt auch Ronsard voller Begeisterung mit: »Gib mir tausend und abertausend Küsse / Die Liebe will alles namenlos, die Liebe kennt kein Gesetz / Küsse mich und küsse mich wieder.«[78]

Doch auch ohne Liebe lohnt sich das Zählen. Champagne, der Held in Philippe Quinaults (1635–1688) Komödie *La mère coquette* (Die selbstgefällige Mutter) fleht Laurette um einen Kuß an. Sie antwortet ihm: »Bist du noch nicht zufrieden? Schäm dich. Ich habe dich bereits zwei Mal geküßt.« Darauf Champagne: »Was? Du zählst mit, wenn du küßt?« (1. Akt, 1. Szene)

In manch seltsamer Rechnung wird ein Kuß mit tausend Küssen gleichgesetzt: »Gibst du einen Kuß mir nur, / Tausend geb' ich dir für einen«, schreibt Adalbert von Chamisso. Denn ein Kuß führt unausweichlich zum nächsten und dieser wiederum zum nächsten. »Ach! wenn ein einzig Kuß so große Wirkung tut / Wie sollte mir geschehen / wenn ich dich zehnmal küßte?«, fragt sich Benjamin Neukirch. Bei Johann Wilhelm Ludwig Gleim, einem Meister der deutschen Rokoko-Dichtung, der in seinen Gedichten Wein, Frauen und andere Sinnesfreuden preist, gibt sich Chloris nicht mit den hundert Küssen zufrieden, die sie bereits bekommen hat, sondern fordert weitere:

Ich küßte sie ein hundert mahl,
Da sagte sie: Halt ein!
Dir muß noch eine größre Zahl
Von mir gegeben seyn.
Sie fing mit hundert Küssen an,
Und hundert folgten drauf. [79]

Bei all diesen Rechenkunststücken verlangt die Tradition häufig eine gerade Anzahl an Küssen – einen Kuß auf jede Wange oder einen auf jedes Auge. In der Bretagne gibt man sich zur Begrüßung vier Wangenküsse, während es andernorts zwei oder drei sind. Das kann zu Verwirrungen führen: Manchmal hält man dem Gegenüber noch die Wange hin, wenn die Begrüßung längst vorbei ist.

In seinem Theaterstück *Das Kaffeehaus* behauptet Goldoni, wenn die Gattin zürne, genügten »vier Liebkosungen, um sie zu versöhnen«. Allerdings fühlt er sich nicht bemüßigt, diese Zahl näher zu erläutern. Schließlich reicht manchmal schon ein einziger Kuß. Was zählt, ist die Geste, die symbolische Berührung. Denn ein Kuß vermag besser als alle Worte, das Unsagbare auszudrücken.

Auch bei John Keats läßt sich eine Symbolik der Zahlen finden. In seiner Ballade *La Belle Dame Sans Merci,* die wie ein Traum aufgebaut ist und in der sich Präzises und Vages mischen, kommen viele unerklärliche Details vor. So auch vier geheimnisvolle Küsse, die das Auge verschließen. Warum gerade vier? Keats erläutert in einem Brief scherzhaft, man müsse den Überschwang der Muse zügeln, und er habe sich für eine gerade Anzahl entschieden, damit jedes Auge seinen gerechten Anteil bekomme. Außerdem seien zwei Küsse für jedes Auge mehr als genug.

Kierkegaard wiederum entwirft in seinem *Tagebuch des Verführers* eine Theorie des Kusses.[80] Er will damit eine Lücke schließen, die der Tatsache geschuldet sei, daß Philosophen über solche Dinge nicht nachdächten und sich auch nicht darauf verstünden. Voltaire kann er damit nicht meinen, denn dieser schreibt zu Beginn des Artikels »Le baiser« (der Kuß) in seinem *Philosophischen Wörterbuch* voller Ironie: »Ich bitte die jungen Herren und jungen Damen um Verzeihung; sie werden hier nicht finden, was sie suchen. Dieser Artikel ist nur etwas für Gelehrte und ernsthafte Menschen, denen der Kuß eher fremd ist.«

Kierkegaard versucht sich an einer Klassifizierung des Kusses, so wie schon Jean Paul in seiner Erzählung *Leben Fibels,* die sich wiederum an Laurence Sternes Typologie des Reisenden orientiert. Jean Paul zufolge sei der erste Kuß im Leben eines Menschen der »Abschieds- oder Schlußkuß«, »die erste Konjugation von vieren«. In die zweite Kategorie ordnet er den »Mittel- oder Orientierkuß« ein, »den nämlich, den sich junge Leute in einer Rede geben, die sie fortsetzen, wenn sie können vor Liebe; aber freilich wird oft länger jener als dieser fortgesetzt.« Der dritte Kuß ist der des Brautpaares, wen wundert es. Der vierte, der Kuß der kalten Jahreszeit, »kann überall gegeben werden, sei es vor oder nach dem Zanken oder nach der Ehescheidung.« Für Jean Paul ist der einzig wahre

Kuß der, der sich in keine dieser Schubladen zwängen läßt, der einzigartig und absolut ist, eben der erste Kuß. Als er Drottas ersten Kuß schildert, bei dem sich ein Abgrund aus Schwindel und Rausch vor ihr auftut, ist seine Sprache dann auch eine gänzlich andere: »Und sie sanken einander in den ersten Kuß, ohne zu wissen wie. Alle Glut und Kraft und Kühnheit ihres Wesens wollten Drottas Lippen gleichsam in seine eindrücken und die Küssende unterschied sich wild von der Sprechenden.« [81]

Doch vergessen wir darüber nicht die unsichtbaren Küsse: solche, die erst gar nicht gegeben werden, oder solche wie die Kußhand. In Dostojewskis *Doppelgänger* erblickt der Held eine Frau am Fenster und kann nicht anders, als ihr einen Kuß durch die Luft zu schicken.

Zudem gibt es noch körperlosere, keuschere Küsse: »Ich kann mir nicht ausrechnen, was das ergibt. Ekstasen, in denen man sich zu küssen vergißt. Keusch auf Erden, aber in der Unendlichkeit gepaart« [82], spottet Grantaise in Victor Hugos *Die Elenden* über Marius, der zwar hoffnungslos in Cosette verliebt ist, sie aber nicht begehrt. In Hugos *Der lachende Mann* heißt es über Gwynplaine und Dea: »Die Glücklichen lebten im Ideal. Sie waren dort vermählt in einer Entfernung von zwei Himmelskörpern. Im Äther flossen ihre tiefen Ausströmungen zueinander, die in der Unendlichkeit die Anziehung, auf der Erde das Geschlecht sind. Sie küßten sich mit ihren Seelen.« [83]

Die schmerzhaftesten Küsse sind allerdings die, die man überhaupt nicht bekommt, deren Fehlen uns mit den Worten Pascal Quignards »immer noch auf der Wange brennt.«

# Küsse von überallher

»Ich gebe dir tausend Küsse, geliebte Juliette, auf den ganzen
Körper, denn es scheint mir, daß ich den Ort deines Herzens
in deinem ganzen Körper spüre, so wie ich in meinem ganzen
Leben deine Liebe spüre.«

Victor Hugo, *Briefe an Juliette Drouet*

## Die Liebe in Briefen

*Liebesgrüße aus Moskau!* Der Titel dieses James Bond-Films von
1963 ist allgemein bekannt. Ist es nicht erstaunlich, mit wel-
chem Eifer wir von überallher Grüße und Küsse senden, in
Briefen und Postkarten? Das Schicksal der Postkarte, über das
auch Jacques Derrida[84] nachgedacht hat, ist es, auf die Formel
»Grüße und Küsse« reduziert zu werden, gefolgt von der Unterschrift. Früher gab es bei der französischen Post sogar einen speziellen Tarif für Postkarten, auf denen nicht mehr als
fünf Wörter standen. Man könnte sich berechtigterweise fra-
gen, warum es dafür einen Preisnachlaß gab, schließlich hätte
ein längerer Text das Gewicht der Karte nicht erhöht. Doch
lassen wir die Geheimnisse der postalischen Gebührenpolitik
beiseite. Es gibt auch einen guten Grund für diese Form der
Postkarte: Sie wissen nicht, was Sie schreiben sollen? Sie haben nichts mitzuteilen? Und doch wollen Sie Ihren Lieben sagen, daß Sie an sie denken? Dafür gibt es eine Lösung: die
Formel »Grüße und Küsse aus ...« irgendeinem Badeort, an
dem Sie sich gerade befinden. Nicht mehr als fünf Wörter gefolgt von der Unterschrift. So stellen Sie ihren guten Willen
unter Beweis und zeigen, daß Sie die Daheimgebliebenen (in

71

einer verregneten, lärmenden Stadt, während Sie am Strand in der Sonne liegen) nicht vergessen haben. Die Formulierung »Grüße und Küsse« ist Ausdruck wohldosierter Sympathie und Vertraulichkeit. Damit ist alles gesagt, guten Tag und auf Wiedersehen. Zudem kann die Zensur nichts daran aussetzen, und die Postkarten aus aller Welt können im Büro an die Wand gehängt werden, als Beweis für die Beliebtheit des Empfängers. Grüße und Küsse von überallher!

Auch Briefe enden bisweilen mit diesen Worten, auf eine lapidare und platzsparende Weise. Doch durch das Erwähnen der Küsse, die man jemandem geben möchte und die aufgrund der Entfernung nur in der Vorstellung existieren und körperlos bleiben, schwingt etwas Sinnliches in dieser Grußformel mit. Aus diesem Grund waren Briefe für Kafka, der ein passionierter Briefschreiber war, nichts als Gespenster:

Die leichte Möglichkeit des Briefeschreibens muß [...] eine schreckliche Zerrüttung der Seelen in die Welt gebracht haben. Es ist ja ein Verkehr mit Gespenstern und zwar nicht nur mit dem Gespenst des Adressaten, sondern auch mit dem eigenen Gespenst, das sich einem unter der Hand in einem Brief, den man schreibt, entwickelt oder gar in einer Folge von Briefen, wo ein Brief den andern erhärtet und sich auf ihn als Zeugen berufen kann. Wie kam man nur auf den Gedanken, daß Menschen durch Briefe mit einander verkehren können! Man kann an einen fernen Menschen denken und man kann einen nahen Menschen fassen, alles andere geht über Menschenkraft. Briefe schreiben aber heißt, sich vor den Gespenstern entblößen, worauf sie gierig warten. Geschriebene Küsse kommen nicht an ihren Ort, sondern werden von den Gespenstern auf dem Wege ausgetrunken. Durch diese reichliche Nahrung vermehren sie sich ja so unerhört. [85]

Kafka, der in einer postromantischen, postidealistischen Epoche lebte, kaschiert hier seine offenkundige Schwäche für

Briefe. Denn es stimmt nicht ganz, daß in Briefen nichts passiert. Gewiß sind sie Gespenster, allerdings äußerst reale. Der Brief ist ein Teil seines Schreibers, der sich von ihm gelöst hat, ein kleiner Bestandteil seiner Persönlichkeit, den er an einen entfernten Empfänger sendet. Dieser küßt den erhaltenen Brief innig, da er aus der Feder eines geliebten Menschen stammt. Wie viele Briefe sind schon geküßt worden, in der Wirklichkeit und in der Literatur! So wie sie küßt man sonst nur das Bildnis des oder der Geliebten, ein Miniaturgemälde in einem Medaillon oder eine Photographie.

Dieser Brief-Fetischismus ist natürlich Gegenstand zahlreicher Parodien. Ein Beispiel hierfür ist der Roman *Pharsamons Abentheuer* von Marivaux, in dem Pharsamon Cidalises Porträt unter den ungläubigen Blicken seines Knappen mit Küssen übersät. Die Komik dieses Romans basiert darauf, daß Kliton seinen Herrn in allen Bereichen nachahmt, wobei er dessen Verhalten ins Groteske übertreibt. Die »tausend und abermals tausend Küsse«, die der Herr auf Cidalises Bildnis drückt, spiegelt Marivaux in den Küssen, die der Knappe dem Porträt Fatimes, Cidalises Dienerin, gibt, in die er sich verliebt hat:

> Kliton tat ohngefähr das nämliche; nur mit dem Unterschiede, daß seine Pantomime ungleich plumper und daher auch weit komischer ausfiel. Auch wurde er viel geschwinder damit fertig, als sein Herr, und erwartete nun mit der äußersten Ungeduld das Ende von Pharsamons stummer Unterhaltung mit dem Portrait seiner Geliebten.[86]

Küsse, die über eine gewisse Entfernung gegeben werden, sind oft bildlich dargestellt worden. Diderot war von nichts so berührt wie von de Greuzes Gemälde *Jeune Fille qui envoie un baiser par la fenêtre et qui brise des fleurs* [87] (das auch kurz *Le baiser envoyé* [88] genannt wird):

Es ist mir schier unmöglich, euch die lüsterne Sinnlichkeit dieses Gesichts zu beschreiben; ihre Augen und Lider strotzen nur so davor. Was für eine Hand, die den Kuß zuwirft! Was für ein Körper! Was für ein Mund! Was für Lippen! Was für Zähne! Was für ein Busen! Man sieht diesen Busen und zwar in voller Pracht, wenn er auch von einem dünnen Tuch bedeckt ist. Der linke Arm ... Sie ist trunken, sie ist nicht mehr ganz bei sich, sie weiß nicht mehr, was sie tut, genau wie ich kaum noch weiß, was ich schreibe. [...] Von ihren Fingerspitzen geht eine Laszivität aus, die sich in ihrem Gesicht fortsetzt. Der Blick des Betrachters folgt dieser Laszivität, die daraufhin auf ihn übergeht und durch seine Adern strömt, ganz so wie sie über jenes Gesicht strömt! Es verdreht einem ganz und gar den Kopf, ja würde es sogar mit eurem tun, der doch so klug ist! [89]

Hier weckt der Kuß auf dem Gemälde die Sehnsucht des Betrachters. Die Kußhand, der vom Fenster aus einem nicht auf dem Bild vorhandenen Passanten zugeworfen wird, ermöglicht es dem Betrachter, sich vorzustellen, die Geste gelte ihm selbst. Diderot läßt uns an die Wahrhaftigkeit dieses Kusses glauben, der durch die Luft zu seinem Empfänger schwebt. »Sommerkuß« nannte man früher im Französischen diese Küsse aus der Entfernung, da sie die Beteiligten nicht erhitzen und deshalb zur Jahreszeit passen. Einem Sprichwort zufolge ist der Kuß eine Frucht, die man vom Baum pflücken muß, und bei einem Kuß aus der Entfernung küßt man nur den Wind.

### Der Kuß und seine Kulissen

Der Kuß kennt keinen bevorzugten Ort. Gewiß sind Parkbänke, wie sie Georges Brassens in seinen Chansons besingt, zum Inbegriff des idealen Ortes für Liebespärchen geworden. Auch Boudoirs sind als Schauplätze ausführlich beschrieben worden, während Fahrstühle und Bahnsteige noch nicht so oft zu ihrem Recht gekommen sind. Wiesen und Wälder mit blühenden Veilchen und wilden Erdbeeren, ein Picknick im Gras, Bootsfahrten, bei denen die Geliebte ihre weiße Hand ins Wasser taucht und Spaziergänge durch idyllische Landschaften sind hingegen häufig in Bild oder Wort dargestellt worden.

Ein Ball ist ein besonders geeigneter Ort für einen Kuß. Beim Tanzen kommen sich die Körper und die Münder näher: Viele Spiele legen es darauf an, zum Beispiel der Tanz mit dem Kissen, den Eustace Budgell in *The Spectator* (1711) als »kissing dance« (oder »cushion dance«) bezeichnet. Bei diesem Tanz legt ein Mann einer Frau seiner Wahl, die mit jemand anderem tanzt, ein kleines Kissen zu Füßen. Das Tanzpaar hält inne, die Frau kniet sich auf das Kissen und bekommt von ihrem neuen Partner einen Kuß. Dann tanzt sie mit ihm, während der vorige Partner, der das Kissen übernommen hat, sich auf die Suche nach einer neuen Tanzpartnerin begibt.

Beim Tanzen bietet sich immer die Gelegenheit zu einem Kuß. Er ist eine der begehrtesten Gunstbeweise, und seine Ausführung ist strikt reglementiert. Es gibt zahlreiche Tänze, bei denen Küsse eine Rolle spielen. Die unschuldigste Variante ist die eines Paartanzes, bei dem ein junger Mann und eine junge Frau sich Rücken an Rücken im Kreis drehen und sich einen kurzen Kuß geben, wenn ein bestimmter Ton erklingt. Der Kuß auf das Dekolleté ist hingegen eine der weniger unschuldigen Spielarten. Émile Zola schildert in *Die Beute* (1871) einen dieser Tänze, deren Ziel es ist, die Lippen (oder Wangen) einander näherzubringen: »Man tanzte die auf öffentlichen Bällen sehr beliebte ›Kußpolka‹, wobei jeder Tänzer im Rhythmus der Musik seine Tänzerin küßte.«[90] Häufig geschah es auch, daß eine Tänzerin einem Zuschauer einen Kuß gab, der zwei Funktionen hatte: Zum einen konnte die Tänzerin für einen Moment eine Pause einlegen und in ihren

Drehungen und Wendungen innehalten, zum anderen symbolisierte der Kuß die Hingabe der Tänzerin an ihr Publikum, besser gesagt an denjenigen, der den Kuß bekam. Einen solchen Tanz vollführt auch Théophile Gautiers Kleopatra vor dem entzückten Meïamun.[91]

In Frankreich gab es unter den verschiedensten Namen eine Vielzahl dieser mehr oder minder komplizierten, mehr oder minder sittlichen Gesellschaftsspiele. Im 18. Jahrhundert wurde ein besonders originelles Spiel gespielt, das auf der Faszination der neu entdeckten Elektrizität beruhte. Dafür brauchte man eine von Georg Matthias Bose erfundene elektrische Maschine, die bei gesellschaftlichen Anlässen Furore machte. Eine hübsche Frau wurde auf einen Hocker mit Glasfüßen gesetzt und mit einem Kabel an die Maschine angeschlossen. Alle, die ihr einen Kuß gaben, bekamen einen leichten elektrischen Schlag, sobald sie ihre Lippen berührten. Wollte sie jedoch, daß der Kuß länger andauerte, konnte sie heimlich den Galan berühren. Dadurch wurde der Stromkreis geerdet, und der Kuß blieb schmerzlos.

Bei einer Betrachtung der Schauplätze dürfen die verschiedenen Fortbewegungsmittel nicht fehlen – die Kutsche oder Droschke (in der Flauberts Madame Bovary schwach wird), die U-Bahn und der Zug, das Auto und das Pferd. Théophile Gautier schildert in *Mademoiselle de Maupin* einen der schönsten Küsse der Literaturgeschichte zu Pferd. Zu Beginn der Liaison zwischen Orlando d'Albert und Rosaline reiten die beiden gemeinsam aus, er auf Ferragus, sie auf einer »schneeigen Stute, die wie ein Einhorn aussieht, so zart, schlank gebaut und fesselfein ist sie.« Die Landschaft, durch die sie reiten, stellt einen malerischen Rahmen dar. Dieser idyllische Raum ist zugleich ein musikalischer, rhythmischer Raum. Der Gleichschritt der Pferde, die vertrauliche Stimmung und das Schweigen der beiden, die sich ohne Worte verstehen und diesen glücklichen Moment genießen, bringt Orlando und Rosaline einander näher. Die Nähe mündet schließlich in einen Kuß, der Ausdruck ihrer Seelenverwandtschaft ist:

> Wir waren einander so nahe, daß mein Bein die Flanke von Rosalinens Stute rührte. Ich beugte mich zu ihr hinüber und legte den Arm um ihre Hüften; sie tat gleiches zu mir gewandt und schmiegte den Kopf an meine Schulter. Unsere Lippen fanden sich in keusch-köstlichem Kuß! Unsere Tiere schritten friedlich. Ich spürte, wie Rosalinens Arm sich lockerte, wie sie schwerer auf meiner Schulter lastete. Auch ich selbst fühlte mich schwach werden und einer Ohnmacht nahe.
> Ach, ich versichere Dich, in jenem Augenblick überlegte ich nicht, ob ich wirklich »ich« sei oder ein anderer. Wir gelangten bis ans Ende der Allee, Hufschlag schreckte uns aus unserer Träumerei; Bekannte zu Pferde waren's, die in unserer Richtung ansprengten und uns durch Zurufe begrüßten. Hätte ich Pistolen bei mir gehabt, so glaube ich, daß ich die Störenfriede niedergeknallt hätte. [92]

Trotz dieser Störung erlebt der Held ungekannte Wonnen. Noch nie hat er sich mit einem anderen Menschen so sehr eins gefühlt. Rosalines Seele füllt ihn ganz und gar aus:

> Meine Seele war von mir gewichen und erfüllte ihr Herz, so wie die ihre meinen Busen. Vermutlich hatten sie sich halbenwegs getroffen bei dem langen »reitenden Kuß«, wie Rosaline ihn später benannte (was mich ärgerte), und verschmolzen, durchdrungen, so eng es nur vermögen die Seelen zweier sterblicher Geschöpfe auf vergänglicher Scholle. Sicherlich küssen sich die Engel dergestalt, und das wahre Paradies findet sich nicht im Himmel, sondern auf den Lippen des geliebten Wesens. [93]

Solch ein zauberhafter Moment sollte sich jedoch nicht wiederholen: Die vergeblichen Versuche, die die Geliebten unternehmen, bringen ihnen nichts als Enttäuschung, obwohl die Sonnenuntergänge ebenso schön sind, die Bäume ebenso üppig belaubt sind und die Vögel dieselben Lieder singen. »Aber die Blätter erschienen uns minder frisch, die Sonne matt, die Vogelstimmen klangen uns schrill und mißtönig, die Harmonie war von uns gewichen.« Auch die Küsse sind nichts als eine müde Nachahmung des ersten Kusses. Der wahre Kuß ist für immer verloren, da gerade seine Einzigartigkeit und Unwiederholbarkeit seinen Reiz ausmachte. Das Schöne, Erhabene, Himmlische sind nur noch Erinnerung und Traum. Sie sind nichts anderes als die Sehnsucht nach dem verlorenen Paradies.

Ein anderes Beispiel für einen Schauplatz, der wie geschaffen ist für einen Kuß, ist die Terrasse, auf der Wantanabe und Midori in *Naokos Lächeln* von Haruki Murakami zusammentreffen. Der japanische Autor schildert scharfsinnig und elegant die Kontingenz des menschlichen Daseins. Es geschehen zufällige Begegnungen, deren Sinn im Dunkeln bleibt, wenn sie überhaupt einen haben. Ein Kuß bedeutet nichts und verpflichtet zu nichts.

Doch es gibt durchaus auch Küsse, die an einem beliebigen Ort getauscht werden, manchmal sogar im Regen. Denn Liebende nehmen nicht wahr, was um sie herum geschieht, und scheren sich nicht um die Unbilden des Wetters. Wolfgang Borchert schrieb ein Gedicht darüber, daß sich Verliebte für nichts außer sich selbst interessieren.

Es regnet – doch sie merkt es kaum,
weil noch ihr Herz vor Glück erzittert:
Im Kuß versank die Welt im Traum.
Ihr Kleid ist naß und ganz zerknittert.
[...]
So tief hat sie noch nie gefühlt –
so sinnlos selig müssen Tiere sein! [94]

Liebespaare wissen anscheinend, was ein japanisches Sprichwort sagt: »Wenn man den Regentropfen nicht entflieht, entdeckt man, wie schön sie sind.« Zudem verleiht der Regen dem Kuß einen besonderen Geschmack.

Auch Jacques Prévert verfaßte ein Gedicht über die Gleichgültigkeit von Liebenspaaren für ihre Umgebung.

> Les enfants qui s'aiment s'embrassent debout
> Contre les portes de la nuits
> Et les passants qui passent les désignent du doigt
> Mais les enfants qui s'aiment
> Ne sont là pour personne
> Et c'est seulement leur ombre
> Qui tremble dans la nuit
> Excitant la rage des passants
> Leur rage leur mépris leur rires et leurs envies.

> Kinder, die sich lieben, küssen sich im Stehen
> Gegen die Türen der Nacht.
> Und die Passanten, die vorbeigehen,
> zeigen mit dem Finger auf sie
> Doch Kinder, die sich lieben
> sind für niemanden da
> Nur ihre Schatten
> zittern in der Nacht
> und schüren die Wut der Passanten
> Ihre Wut ihren Ärger ihr Lachen und ihren Neid.

Kinder, die sich lieben, sind »weiter als die Nacht / höher als der Tag«, sie sind »an einem anderen Ort«. Dies erinnert an die Küsse im Dunkeln, von denen Haruki Murakami in *Hardboiled Wonderland und das Ende der Welt* erzählt. Die Umgebung auszublenden, bedeutet für ihn, Furcht und Angst hinter sich zu lassen, sich in einen Kokon aus der Geborgenheit einzuspinnen, in dem Raum und Zeit aufgehoben sind, zumindest für einen Augenblick.

> Einmal umarmten wir uns unterwegs. Die kleine Frau blieb plötzlich stehen, drehte sich um, löschte das Licht und schlang beide Arme um mich. Dann tastete sie mit der Hand nach meinen Lippen und küßte mich. Ich umarmte sie auch und drückte sie sacht. Sich in der kohlrabenschwarzen Finsternis zu umarmen, war merkwürdig. Stendhal hat etwas über Umarmungen im Dunkeln geschrieben, dachte ich. Ja, Stendhal. Aber den Buchtitel hatte ich vergessen. Ich versuchte mich zu entsinnen, aber er wollte mir nicht einfallen. Ob Stendhal einmal eine Frau im Dunkeln umarmt hat? Falls ich lebend hier herauskommen sollte und die Welt noch nicht untergegangen wäre, würde ich, nahm ich mir vor, nach diesem Buch von Stendhal suchen. [...]
> Wir standen lange so. Die Zeit raste dahin, doch ich empfand das nicht als Problem. In der Umarmung teilten wir unsere Angst. Das war das einzige, was zählte.
> Schließlich preßte sie den Busen fest an meine Brust, ihre Lippen öffneten sich, und ihre weiche Zunge und ihr warmer Atem füllten meinen Mund. Ihre Zunge leckte meine, und ihre Finger fuhren mir durchs Haar. Doch nach zehn Sekunden oder so war alles vorbei, löste sie sich mit einemmal von mir. Eine bodenlose Verzweiflung überkam mich wie ein in der Weite des Weltraums verlassener Astronaut. [95]

Im Dunkel der Nacht ist die Sicht getrübt, und es gibt keine Orientierungspunkte mehr. Deshalb sind die anderen Sinne geschärft und die Empfindungen sensibler. Novalis besingt in seinen *Hymnen an die Nacht* den Sonnenuntergang. An die Stelle des Tags mit seinen Genüssen tritt die erotische Klarheit der Nacht – nicht ohne Grund schließen Liebende beim Küssen die Augen, um besser mit dem Herzen zu sehen!

Auf die Nacht folgt schließlich die Morgendämmerung. Yukio Mishima erzählt in *Une matinée d'amour pur* (Ein Morgen reinster Liebe) die Geschichte eines alten Liebespaars, das beweist, daß ein Kuß keine Frage des Alters ist. Ein alter Mann und eine ebenfalls betagte Frau nehmen unabhängig voneinander einen jungen Menschen mit zu sich nach Hause, um mit ihm zu schlafen, und stellen sich dabei vor, es sei der jeweils andere. Nach dieser turbulenten Nacht finden sie im Morgengrauen in einer ekstatischen Umarmung auf der Terrasse zueinander. Der junge Mann beobachtet voller Staunen den leidenschaftlichen Kuß der beiden auf der Terrasse:

> Als ich den langen Kuß eines kranken, perversen und grausamen Paars beobachtete, hatte ich mehr und mehr das Gefühl, hereingelegt worden zu sein. Ich war nicht wütend, weil ich getäuscht oder benutzt worden war. Doch das Gefühl, eine Niederlage erlitten zu haben, stand mir bis zum Hals, wie Wasser bei einer Folter. Ich weiß nicht genau warum, aber in diesem Moment spürte ich, daß wir falsch lagen und sie richtig. Im Vergleich zu ihnen waren wir nichts als entbehrliche Schatten, eine Jugend, die zu nichts nutze ist. Wir hatten es nicht anders verdient, als derart benutzt zu werden. [96]

Während dieses langen Kusses, der fünf bis zehn Minuten zu dauern scheint, hat der junge Mann eine Vision. Er beobachtet eine Metamorphose, die vom heller werdenden Licht der Morgendämmerung begleitet wird. Deshalb sticht er mit einem Messer auf die beiden Alten ein und tötet sie in einer wirren Mischung aus Wut und Bewunderung. Seine Wut richtet sich gegen die Leidenschaft dieses Kusses, die für ihn unerreichbar bleibt, weil er noch so jung ist. Er fühlt sich ausgeschlossen und die Eifersucht auf diese Leidenschaft treibt ihm zum Mord. Die Schönheit des Augenblicks ist vergänglich, doch durch den Mord an den beiden Alten verleiht er ihr Ewigkeit, indem er sie anerkennt, wenn auch durch einen Akt der Gewalt.

In *Der traurige Fluß* erzählt der portugiesische Romancier Fernando Namora hingegen vom Ausbleiben der Küsse. Der Roman, dessen Schauplatz Lissabon ist, erzählt vom geheimnisvollen Verschwinden eines Ingenieurs namens Rodrigo dos Santoas Abrantes. Seine Abwesenheit ist ein Rätsel, er ist wie ausgelöscht. Nun sucht man nach einer Erklärung, nach Spuren seines Weggangs. Das Ausbleiben der Küsse ist eines der Vorzeichen für sein Verschwinden:

> Er hatte seiner Frau keinen Kuß gegeben, das ist wahr. Er würde sie bestimmt auch nicht küssen, wenn er gegen acht Uhr, gerade rechtzeitig, um die Fernsehnachrichten zu hören, zum Abendessen zurückkäme. Nein, es gab keine Verstimmung, obgleich Teresa, hätte sie länger über die Angelegenheit nachgegrübelt, diese vielleicht mit der Neigung ihres Mannes in Zusammenhang gebracht hätte, stets sie dafür verantwortlich zu machen, wenn die Sachen, die man gerade brauchte, sich nicht an ihrem vorgesehenen Platz befanden. Als ob er selbst ein ordentlicher Mensch wäre. Das war er aber nicht, sie hätte es wissen müssen. Nicht einmal mit seinen Papieren. Nein, Teresa, es handelte sich um keine Verstimmung. Der zum Familienritual gehörende Abschiedskuß hatte eben in letzter Zeit (wie viele andere Dinge) einiges an Regelmäßigkeit eingebüßt, ohne daß es eigens eines Anlasses bedurft hätte, diese Gepflogenheit zu verändern. Heute eine Vergeßlichkeit, morgen eine verspätete Wiedergutmachung – die Angewohnheiten entstanden und verschwanden meist, ohne daß man wußte, warum. Oder sie wurden inhaltslos. Und sollte dieses widerwärtige Dahingleiten des Mundes über ein Gesicht etwa ein Kuß sein? [97]

Damit wären wir bei jenen mechanischen Küssen, die Eheleute sich vor dem Zubettgehen geben. Søren Kierkegaard zufolge, dessen Beobachtungen zu einem Großteil auf sozialen und religiösen Vorurteilen beruhen (keine Küsse unter Männern, keine Küsse, wenn der Altersunterschied zu groß ist etc.), ist der einzige wahre Kuß der Kuß aus Leidenschaft, den ein Mann einer jungen Frau gibt. Den ehelichen Kuß mißbilligt er: »Wo im Laufe der Jahre in dieser Beziehung eine Indifferenz entstanden ist, da hat der Kuß seine Bedeutung verloren. Das gilt etwa von dem ehelichen Hauskuß, mit dem die Eheleute, in Ermangelung einer Serviette, sich gegenseitig den Mund abwischen, indem man sagt: Wohl bekomm's!«[98]

Balzac erzählt in *Die Frau von dreißig Jahren*, wie ein Gutenachtkuß der weiblichen Hauptfigur Julie eine plötzliche Einsicht beschert. Sie beginnt zu ahnen, daß ihr Ehemann sie mit Madame de Sérizy betrügt. Die Szene ist äußerst dramatisch: »Er gähnte mehrmals, ergriff dann mit einer Hand ein Licht, tastete mit der andern nachlässig nach dem Hals seiner Frau und wollte sie küssen, aber Julie bückte sich, reichte ihm ihre Stirn und empfing den Gutenachtkuß, einen mechanischen Kuß ohne Liebe, eine Art Grimasse, die ihr wie eine Beschimpfung erschien.«[99]

## Küsse mit Leib und Seele

Man küßt nicht nur überall auf der Welt, sondern auch überall auf den Körper, nicht nur auf die Lippen, sondern auch den Hals. Ein runder, polierter, elfenbeinfarbener Hals, um mit Ronsard zu sprechen, ist eine Augenweide und zieht die Lippen magisch an. Doch auch Lider werden geküßt, und Jean Paul schreibt in seinem Roman *Hesperus*, »ein Kuß aufs Auge [sei] einer auf die Seele«.

Bei einem Dichter wie Théophile Gautier gibt sich der Liebhaber selbst mit den heißesten Zungenküssen nicht zufrieden. Jeder Quadratzentimeter Haut muß erforscht, geschmeckt, genossen werden. Nichts entgeht dem abenteuerlustigen Forscher, der die intime Geographie des Körpers erkundet.

Francesco Patrizi, der 1560 eine philosophisch-moralische Abhandlung über den Kuß verfaßte, nachdem sich die italienische Renaissance diesem überaus wichtigen Thema bis dahin nicht gewidmet hatte, nennt unzählige Gründe dafür, die verschiedenen Regionen eines geliebten Körpers mit Küssen zu erforschen. Die Wangen, weil sie die Schönheit eines Gesichts bestimmen und ihm seine Konturen verleihen. Die Augen, weil sie der Grund sind, warum man in Liebe zu jemandem entflammt. Ein Kuß auf die Brust ist intimer als ein Kuß auf die Hand, da in der Brust das Herz schlägt. Den Mund küßt man schließlich, weil er der Zugang zur Seele ist: »Man küßt eine Hand, weil sie die Dienerin der Gedanken des geliebten Menschen sind. Die Brust wird geküßt, weil sie die Herberge des geliebten Herzens ist. Doch den Grund, warum ein Kuß auf den Hals so wunderbar ist, darf ich euch nicht verraten. Amor selbst hat es mir verboten.«[100]

Bei Flaubert macht Pécuchet solch eine berauschende Erfahrung: »Eines Abends berührte er mit den Lippen die Löckchen in ihrem Nacken und fühlte sich bis ins Mark erschüttert. Ein anderes Mal küßte er sie auf das Kinn und mußte sich beherrschen, sie nicht ins Fleisch zu beißen, so groß war sein Verlangen nach ihr. Sie erwiderte seinen Kuß. Das Zimmer drehte sich um ihn. Er sah nichts mehr.«[101]

Francesco Patrizi schreibt dem Kuß auf den Hals eine besondere Bedeutung zu, und Flaubert bringt ihn mit leidenschaftlicher Sinnlichkeit in Verbindung. So auch in seiner Erzählung *November*, in der der Held bei der Kurtisane Marie sexuelle Erfüllung findet. Ihr geschmeidiger Körper erinnert ihn an eine Schlange oder einen Dämon. »Und sie preßte ihren Mund auf meinen Hals und suchte ihn ab mit gierigen Küssen, wie ein wildes Tier im Bauche seines Opfers wühlt.«[102] Der Hals nimmt eine Sonderstellung ein, da er nicht nur den Kopf und den Körper miteinander verbindet, sondern eine Synthese beider darstellt.

Doch auch ein Kuß auf die Schulter entbehrt nicht eines gewissen Reizes. Der berühmteste Kuß auf eine Schulter ist vielleicht der, den Felix in Balzacs Roman *Die Lilie im Tal* eines Abends auf einem Fest einer Unbekannten gibt, die ihm den Rücken kehrt. Der Junge, benommen von der Hitze, geblendet von den grellen Lichtern des Festes – seines ersten –, geht durch die Menschenmenge, in der Männer und Frauen sich eng aneinandergedrängt durch eine Staubwolke schieben. Er ist wie betäubt vom Getöse der Blaskapelle, die einen Marsch spielt, und verspürt den kindlichen Wunsch nach Ruhm und Ehre. Als ihm ein Offizier auf den Fuß tritt, fühlt er sich mit einem Mal beschämt, gedemütigt, ausgeschlossen. »Ich flüchtete mich in eine Ecke, setzte mich auf die Kante einer verlassenen Bank, wo ich starren Blickes, bewegungslos und mürrisch verharrte.« Damit täuscht er eine Frau, die sich neben ihn gesetzt hat und ihn für ein Kind hält. »Durch meine schmächtige Gestalt irregeführt, nahm mich eine Dame für ein Kind, das dem Einschlafen nahe war, während es auf seine Mutter wartete.« Ihr Duft läßt vor seinem inneren Auge eine orientalische Welt entstehen, und als er sie ansieht, ist er fasziniert, vor allem von ihren Schultern:

Meine Blicke wurden gebannt von ihren vollen weißen Schultern, auf denen ich mich hätte zusammenrollen mögen, ihren mattrosigen Schultern, die zu erröten schienen, als seien sie zum erstenmal unverhüllt, ihren keuschen Schultern, Schultern, die eine Seele hatten, und deren weiche Haut wie ein seidenes Gewebe im Lichte schimmerte. Längs der Senkung zwischen ihren Schultern glitt mein Blick, der kühner war als meine Hand. Ich reckte mich bebend, um ihre Büste zu sehen, und ward gebannt durch den Anblick eines keusch in Gaze gehüllten Busens, dessen bläulich geäderte, vollendet schöne Rundungen in einer Flut von Spitzen wohlig gebettet lagen. Die geringsten Einzelheiten ihres Kopfes lösten in mir unendliche Wonnen aus: der Glanz des Haares, das über einem samt-weichen mädchenhaften Halse lag, die weißen Linien, die der Kamm gezogen hatte, und auf denen meine Phantasie wie auf lauschigen Pfaden lustwandelte, all das raubte mir die Sinne. Nachdem ich mich davon überzeugt hatte, daß mich niemand sah, vergrub ich mein Haupt zwischen ihren Schultern, wie ein Kind, das sich in den Schoß seiner Mutter flüchtet; ich drehte den Kopf hin und her und küßte ihre Schultern wieder und wieder. [103]

Diese Geste hat etwas von einem Kind, das bei seiner Mutter Zuflucht sucht. Ihre kindliche Spontaneität (die dennoch, wie seine Blicke beweisen, von einem schon recht erwachsenen Begehren zeugt) rechtfertigt teilweise ihre Dreistigkeit. Felix ist hingerissen von der sittsamen Erscheinung und ihrer jung-fräulich weißen Haut (die an die eines kleinen Mädchens er-innert). In seinen Augen hat die Frau nicht nur eine reine Seele, sondern vor allem auch einen perfekten, runden, samt-weichen Busen, der sein Begehren weckt. Doch dann stößt sie einen Schrei aus und dreht sich zu ihm um:

Ich war versteinert durch einen Blick, den heilige Entrüstung entfachte, durch ein überirdisches Haupt, das ein Diadem asch-blonden Haares krönte, und das sich so gut mit ihrem wollüsti-gen Rücken vertrug. Das Rot verletzten Schamgefühls färbte ihr Gesicht; aber da entwaffnete sie auch schon das Mitleid der Frau, die eine Leidenschaft immer versteht, wenn sie selbst sie erregt hat, und die aus Reuetränen grenzenlose Anbetung her-ausliest. Sie entfernte sich mit der Haltung einer Königin. Da erst fühlte ich, wie lächerlich meine Lage war. [104]

Das kindische Verhalten des jungen Mannes ist in der Tat lä-cherlich, da es gegen die elementarsten Gesetze des Anstands und der Höflichkeit verstößt. Das Lächerliche galt schon im-mer als das Gegenteil von gutem Benehmen, weil es ein Ausdruck von schlechtem Geschmack ist. Daher wiegt es schwerer als ein Charakterfehler. Die Vermeidung des Lächerlichen ist eines der zentralen Merkmale des »*honnête homme*« (Ehrenmanns). Ein Ehrenmann muß seine »lächerlichen« Züge einer argwöhnischen Prüfung unterziehen und sich von ihnen lossagen. Manche Schriftsteller, die ein Gespür für die Widersprüche des Menschen haben, weisen jedoch eine radikale Gegenüberstellung zurück und betonen die Verschränkungen des Lächerlichen und des Ehrenwerten. »Es ist ferner durchaus denkbar, daß ein Mensch gelegentlich lächerlich wirkt, aber doch ein Ehrenmann ist«, schreibt Molière in der *Kritik der Schule der Frauen.*

Durch den Kuß macht Felix sich zwar lächerlich, doch er begeht keine Unsittlichkeit oder Obszönität. Die Lächerlichkeit rührt von seinem Mangel an Beherrschung – er stürzt sich Hals über Kopf auf die weißen Schultern. Damit gibt er einem der archaischsten Reflexe des Menschen nach, dem so genannten Suchreflex. Mit diesem Begriff bezeichnet man das angeborene Verhalten des Neugeborenen, den Kopf in Richtung eines Reizes zu wenden und Saugbewegungen mit dem Mund zu vollführen, wenn seine Wange berührt wird. Denn Felix benimmt sich »wie ein Kind, das sich in den Schoß seiner Mutter flüchtet«.

Felix idealisiert Henriettes Körper, der für ihn die verlorengegangene Einheit symbolisiert. In der Tat nimmt er ihren Körper als ein »seidenes Gewebe«, also als homogene Fläche wahr. Doch die Einheitlichkeit ist nicht von Dauer: Die Schultern weisen eine »Senkung« auf, das Haar wird von »weißen Linien« durchzogen, »der Busen« wird zu »Rundungen«. So wird der desillusionierende Wandel von einer geheimnisvollen Einheit zum Fragmentarischen beschrieben. Für einen kurzen Moment entsprachen der reale und der imaginierte Körper einander, doch der prosaische Charakter der Wirklichkeit macht die Einheit bald zunichte.[105] Der Wechsel vom

Singular zum Plural – »*der* Busen« wird zu »*die* Rundungen« – ist ein häufiges Stilmittel in Balzacs Roman. Dieser Wechsel verdeutlicht die Opposition zweier Konzepte, die man mit der amerikanischen Literaturwissenschaftlerin Janet Beizer als den Widerspruch zwischen dem Einheitlichen und dem Pluralen, dem Ganzen und dem Fragmentarischen, dem Symbolischen und der anatomischen Realität beschreiben könnte. Plötzlich sieht Felix im zuvor verklärten Körper nichts als Linien, Falten, Furchen und Gräben, die ihn untergliedern. Mit einem Mal nimmt er seine Pluralität wahr, und es bleibt ihm – und mit ihm dem romantischen Künstler – nichts mehr, als einen Abgott anzubeten und Reliquien zu verehren. Auf manch ekstatischen Rausch folgt grausame Ernüchterung.

Andere küssen lieber den Fuß, als Zeichen der Bewunderung und Verehrung. Einen solchen Kuß schildert Rainer Maria Rilke in *Die Liebe der Magdalena.* Er zitiert das Hohelied Salomos, in dem die Geliebte fleht: »Er küsse mich mit dem Kusse seines Mundes.« In Anlehnung daran ersinnt er das Hohelied der Bußliebe: »Er dulde mich mit meinem Kusse an seinen Füßen.« Maria Magdalena kann Jesus' Füße gar nicht genug küssen. Auch in der Bibel findet sich eine Passage, in der Jesus ihre Unersättlichkeit kommentiert: »Du hast mir (zur Begrüßung) keinen Kuß gegeben; sie aber hat mir, seit ich hier bin, unaufhörlich die Füße geküßt.« (Lukas, 7, 45) Wieder Rilke: »Sie verlangt nach seinen Füßen: er gibt sie; sie will sie küssen: er überläßt sie ihr; sie will ihm das Haupt ölen: er duldet es.« Selbst als Jesus bereits am Kreuz hängt, bedeckt sie seine Füße noch mit heißen Küssen.

Auf diese Szene spielt auch Corneille mit folgenden Versen an, in denen sich heilige und profane Liebe mischen:

L'amour qui vient de l'embraser / Sur les pieds du Sauveur verse une sainte pluie, / Les parfume d'odeurs, et de sa tresse essuie / Ce que sa bouche en feu ne peut assez baiser. [106]

Die Liebe, die das Feuer in ihr entfacht, / ergießt einen heiligen Regen über die Füße des Erlösers, / verleiht ihnen einen betörenden Duft und trocknet sie mit ihrem Zopf, / da ihr brennender Mund sie nicht genug küssen kann.

Der französische Literaturwissenschaftler Jean-Louis Backès hat darauf hingewiesen, daß in diesen Zeilen die Liebe und die Liebende nicht voneinander zu trennen sind, da es die Liebe ist, die als Subjekt des Satzes weint und die Füße mit ihrem Zopf trocknet.

Es gibt zahlreiche Bilder von Maria Magdalena, die inbrünstig die Füße Christi küßt. In seiner Erzählung *Das goldene Vlies* schildert Théophile Gautier die Geschichte eines jungen Mannes namens Tiburtius, der sich in Maria Magdalena verliebt, als er auf dem Altaraufsatz der Kathedrale von Antwerpen ihr von Rubens gemaltes Bildnis erblickt. Doch seine Liebe kann nicht erwidert werden (als er versucht, ihre samtweiche Schulter zu streicheln, schürft er sich nur die Hand an der rauhen Leinwand auf), und ihm bleibt nichts übrig, als ihren prächtigen blonden Haarschopf zu bewundern.

Der eine Fuß des Gekreuzigten ruhte weiß, rein wie eine Hostie in der stummen Regungslosigkeit des Todes, auf der hellen Schulter der Heiligen wie auf einem elfenbeinernen Schemel, den der erhabene Meister hingestellt hatte, um den göttlichen Leichnam zu stützen. Tiburtius fühlte sich von Eifersucht ergriffen.[107]

Der Erzähler macht sich über den verliebten Künstler lustig:

Tiburtius, Tiburtius! Nimm dich in acht! Du läufst einer Chimäre nach! Die Chimären aber haben trotz ihrer weichen

Brüste, ihrem Schwanenhals und ihrem verführerischen Lächeln spitze Zähne und scharfe Krallen! Die bösen unter ihnen

werden dein Blut aussaugen und dich trockener als ein ausge-
wundener Schwamm liegen lassen!

Der Fuß dient hier als eine Art kostbares Fragment, das das
Begehren entfacht. Als Gautier bei einer seiner Entdeckungs-
reisen einen Fuß entdeckt, der »jenen schönen braunrötlich
warmen Ton [zeigte], der florentinischen Bronzen so lebendi-
ges Aussehen verleiht« [108], stellt er sich vor, das Metall sei von
verliebten Küssen aus zwanzig Jahrhunderten blank poliert.

Doch auch die intimsten Formen des Kusses, die wir mit lateinischen Namen bezeichnen, sollen nicht unerwähnt bleiben:
die Fellatio und der Cunnilingus. Der Name Fellatio leitet
sich vom lateinischen Verb »fellare« ab, das »saugen, lut-
schen« bedeutet. In der Antike war diese Sexualpraktik weit
verbreitet, wovon zahlreiche bildliche Darstellungen zeugen
– zum Beispiel ägyptische Fresken aus dem 8. Jahrhundert vor
Christus, die mehrere Fellatio-Szenen darstellen, sowie die
attische Vase von Pedieus, die im Louvre ausgestellt ist. In der
Antike vertrat man die Meinung, so erfahren wir aus Pascal
Quignards hochinteressantem Buch *Le Sexe et L'Effroi* (Sexualität und Entsetzen), die Fellatio stamme vom Cunnilingus ab,
den die griechischen Frauen auf Lesbos praktizierten. Das
griechische Verb »lesbiazein« bedeutet »lecken«. Doch was
im Gynäzeum toleriert wurde, war für einen freien Mann eine
Schande, sobald ihm ein Bart wuchs. Bekanntermaßen wurde
in der Antike nicht zwischen Homo- und Heterosexualität,
sondern zwischen Aktivität und Passivität unterschieden. Der
freie Mann (im Unterschied zum Sklaven) lebte eine aktive
Sexualität aus. Auch Seneca hat sich zu dem Thema geäußert:
»Die Unzucht ist für den freien Mann eine Schande, für einen
Sklaven dagegen ist sie unbedingte Pflicht gegenüber seinem
Herrn, und bei dem Freigelassenen bleibt dies eine morali-
sche Pflicht der Gefälligkeit.« So genoß das »fellare«, das mit

einer passiven Rolle gleichgesetzt wurde, keine hohe Wertschätzung. Die Römer sprachen lieber von »irrumare«, wörtlich übersetzt »jemandes Mund Gewalt antun«. »Man kann den Partner nur aktiv *irrumare*, indem man ihn dazu zwingt, den *fascinus* in den Mund zu nehmen und an ihm zu saugen, bis sein Saft sich in den Mund ergießt«, erläutert Pascal Quignard.

Marguerite Duras schildert in *Der Mann im Flur* in dem für sie typischen sachlich-nüchternen, distanzierten Stil eine solche Handlung, die in einem dunklen Flur stattfindet, während draußen das helle Sonnenlicht auf die unbestimmte Fläche der Landschaft scheint. »Sie hätte sich langsam voranbewegt, hätte ihre Lippen geöffnet und auf einmal sein weiches, glattes Ende ganz in den Mund genommen. Sie hätte die Lippen über dem Saum geschlossen, der seinen Anfang zeichnet. Ihr Mund wäre voll davon gewesen. Es ist derart weich, daß ihr davon die Tränen in die Augen treten.« [109]

In der Antike zeigte das Schminken der Lippen (»O rotes Tor, Schlucht meines Sehnens«, dichtet Apollinaire in *Die neun Tore deines Lebens* [110]) die Spezialisierung von Prostituierten auf Dienste mit dem Mund an. Man sagt, auch Kleopatra habe sich ihre Lippen rot angemalt und nicht nur mit ihrer Nase, sondern auch mit ihrem lüsternen Mund den Lauf der Geschichte verändert (weshalb sie im Griechischen den Beinamen Meriochane, »der verschlingende Mund«, erhielt). Der Legende nach waren Prostituierte aus Kuwait in alten Zeiten dafür bekannt, die Fellatio so lange und heftig zu praktizieren, bis ihr Lippenstift das Glied des Kunden vollständig eingefärbt hatte.

Der Cunnilingus hingegen war bei Griechen und Römern verpönt und wurde als eines Mannes unwürdig abgelehnt. Ein freier Mann, der Cunnilingus praktizierte, degradierte sich zum Sklaven und stellte sich mit Tieren auf eine Stufe, bei denen das Lecken der Geschlechtsteile häufig Teil des Paarungsverhaltens ist. Im Fernen Osten hingegen wurde der

Cunnilingus hoch geschätzt, da er eine Vereinigung mit dem weiblichen Lebensprinzip bedeutete. Die Feige oder den Lotos mit der Zunge zu liebkosen, war Ausdruck der Verehrung für das weibliche Geschlecht, die auch in der Gleichsetzung mit Früchten oder Blumen zum Ausdruck kam. Die Zunge, die die Ecken und Winkel des weiblichen Geschlechts erkundet, bezeichnet der französische Schriftsteller Restif de la Bretonne (1734–1806) als »dritten Arm«. Und Pierre Louÿs, ein Zeitgenosse André Gides, preist den süßen Geschmack dieser anderen Lippen:

Oui, des lèvres aussi, des lèvres savoureuses
Mais d'une chair plus tendre et plus fragile encor
Des rêves de chair rose à l'ombre des poils d'or
Qui palpitent légers sous les mains amoureuses.

Des fleurs aussi, des fleurs molles, des fleurs de nuit,
Pétales délicats alourdis de rosée
Qui fléchissent pliés sous la fleur épuisée
Et pleurent le désir, goutte à goutte, sans bruit.

Ô lèvres, versez-moi les divines salives
La volupté du sang, la vapeur des gencives
Et les frémissements enflammés des baiser.

Ô fleurs troublantes, fleurs mystiques, fleurs divines
Balancez vers mon cœur sans jamais l'apaiser
L'encens mystérieux des senteurs féminines. [111]

Auch dies sind Lippen, köstliche Lippen
Deren Haut noch zarter und empfindsamer ist
Träume von rosiger Haut im Schatten goldenen Haars
Das unter verliebten Händen leicht erzittert.

Auch dies sind Blumen, weiche Blumen, Blumen der Nacht
Zarte Blütenblätter, schwer vor Tau

Niedergedrückt von der Blütenkrone
Beweinen sie lautlos, Tropfen um Tropfen, das Verlangen.

O Lippen, schenkt mir den himmlischen Speichel
Das Begehren des Blutes, den Dunst des Zahnfleischs
Und den flammenden Schauder des Kusses.

O verstörende, mystische, himmlische Blumen
Gebt meinem Herz, und laßt ihm keine Ruh
den geheimnisvollen Weihrauch des weiblichen Dufts.

## Unauslöschliche Küsse

Beim Küssen streift man Körperteile mit den Lippen, die
keine sichtbaren Spuren vergangener Küsse aufweisen. Der
französische Schriftsteller Ernest Feydou fragt sich in seinem
Roman *Fanny*, ob Küsse nicht etwas Flüchtiges seien und
nichts davon auf den Lippen bleibe, sobald man sie abge-
wischt habe. Doch das Gegenteil ist der Fall, denn obgleich
unsichtbar, hinterlassen sie Erinnerungen und verwirrende
Phantasien. Voller Mißtrauen und Eifersucht spürt man die
unsichtbare Gegenwart des anderen Mannes oder der anderen Frau. So auch Théophile Gautier:

> Bitterer, beschämender Gedanke, die Liebkosungen eines an-
> deren mit eigenen Lippen zu verwischen, schmachvolles Wis-
> sen, daß vielleicht nicht eine Stelle auf der Stirne, den Lippen,
> Schultern, dem Busen, an diesem ganzen Leibe sich findet, die
> nicht unter fremden Lippen sich rötete und Zeichen trug, daß
> seliges Stammeln glückgelähmter Zungen schon vernommen
> ward; daß erregte Sinne nicht jetzt erst Rasen und Entzückung
> erfuhren, sondern daß weit in Seelentiefen, die einem nie zu-
> gänglich werden, unerbittliches Erinnern nistet und alte Freu-
> den den gegenwärtigen vergleicht. [112]

In Émile Zolas Roman *Magdalene* denkt der Ehemann an die fünf leidenschaftlichen Jahre zurück, die er mit Magdalene verbracht hat, an die innigen Umarmungen und die heißen Küsse. Doch sein Mißtrauen ist geweckt:

Magdalene bückte sich tiefer und rührte immerfort grübelnd in der Glut. Sie blieb so gebückt, das Gesicht fast in der Flamme. Der lose Schlafrock war ihr von den Schultern gefallen bis in die Mitte des Rückens. Wilhelms Herz zog sich zusammen beim Anblick dieses machtvollen Wuchses. Er folgte den weichen und doch kraftvollen Bewegungen der Brust, des gebeugten Halses, der abfallenden Schultern. Es packte ihn eine qualvolle Herzensangst. Seine Erinnerungen, böse und schöne, wälzten sich wie eine schwere Masse in seinem Hirn. In dem Zustand von Halbschlaf glaubte er wohl hundertmal zu erwachen und ein Alp, dessen er sich nicht erwehren konnte, drückte ihn nieder. Er träumte von den fünf Liebesjahren, die er mit Magdalenen verlebte, von seinen Liebkosungen, seinen Küssen. Für ihn war sie die Erste gewesen, er hatte bei ihr zum erstenmal die Mannesschauer der Liebe gefühlt. Aber sie! Hatte sie bei seinen Küssen nicht an Jenen denken müssen? Gewiß, sie mußte in seinen Armen an das Vorher denken. – Oh! vielleicht träumte sie – o ungeheuerlich! – in seiner Umarmung, daß sie an der Brust des Andern läge! O infame, grausame Täuschung! Ha! Vielleicht hatte ihn diese Frau die ganze Zeit betrogen! Sie bediente sich seiner nur als Instrument, um alle Liebesmelodien wach zu rufen! [113]

Wenn man jemanden küßt, gibt es leider keine Garantie dafür, daß der oder die Geliebte den Kuß auch bekommt. Manche Küsse gehen unterwegs verloren … Andere geraten auf Abwege … Und woher soll man wissen, ob diese innige Geste tatsächlich von Herzen kommt?

Valéry Larbaud geht dieser Frage in seiner Erzählung *Die blau-weiße Närrin* nach (obwohl die Antwort natürlich nur eine von vielen ist): »Aber: liebten sie sich wirklich? Vielleicht liebten sie im Grunde nur die Küsse, die sie sich gaben?«[114]

# Der Kuß im Roman

Man hat häufig die Meinung vertreten, der Kuß gehöre nicht ins Theater, nicht nur, weil er die Schauspieler am Sprechen hindere, sondern auch aufgrund von Gattungskonventionen und aus Gründen der Schicklichkeit und Ästhetik (»Die Diener wollten immer, daß die Zofen sie küßten; also wurden auf der Bühne Küsse getauscht. Meist war das recht langweilig und nahezu unerträglich. Vor allem wenn die Schauspieler häßlich waren, wurde einem regelrecht übel«, schreibt Voltaire in seinem *Philosophischen Wörterbuch*). Im Theater stellt der Kuß zwangsläufig eine Unterbrechung der Rede dar. Trotzdem kommt er häufig in den Bühnenanweisungen vor, und irgendwann mußte man anerkennen, daß sich eine Theateraufführung nicht auf die Sprache beschränken läßt.

In Romanen und Gedichten unterbricht der Kuß zwar auch das Gespräch des Liebespaars, nicht aber die Erzählung: Während sie sich küssen, kann der Erzähler weitersprechen. Zudem löst der Kuß – seine Vorbereitung, seine Umsetzung und seine Vorstellung in den Köpfen der Romanfiguren – einen wahren Wortschwall aus. Der Platz, den der Kuß in der Romanhandlung einnimmt, soll im folgenden näher betrachtet werden. Doch vorweg muß festgehalten werden, daß auch der Kuß eine Form der Kommunikation darstellt, wenn auch eine ganz spezielle. Ein Kuß ist ein stummer Augenblick, in dem zwei Seelen sich in einer Sprache verständigen, die nur sie verstehen.

Maurice Maeterlinck schreibt in *Aglavaine und Selysette*: »Weil es Dinge gibt, die man sich nur im Kusse sagen kann …

Weil die tiefsten Dinge, und die reinsten vielleicht, sich nicht aus der Seele wagen, so lange ein Kuß sie nicht ruft ...« [115]

Musset geht noch einen Schritt weiter und behauptet in seinem Gedicht *Idylle*, in der zwei Vorstellungen von der Liebe aufeinandertreffen, eine romantisch-idealistische und eine erotisch-pragmatische: »Ein Kuß ist die einzige wahre Sprache der Welt.«

## Stumme Küsse

Für Joseph Conrad sind Küsse das, was von der Sprache des Paradieses übriggeblieben ist, für viele andere ersetzen sie die Rede, wenn Worte überflüssig werden und die Sprache versagt. In der Erzählung *Zulmis et Zelmaïde* von Claude Henri de Fusée Voisenon (1708–1775) verlieben sich die beiden Hauptfiguren bei einer unverhofften Begegnung unsterblich ineinander: »Da verschlug es ihnen beiden die Sprache, und statt zu reden, schwiegen sie und küßten sich, küßten sich und schwiegen. Zelmaïde kam wieder zu sich und wollte sagen: ›Ich verabscheue Euch.‹ Doch sie versprach sich und sagte seufzend: ›Ach! Zulmis, ich liebe Euch so sehr.‹«

Der Kuß ist im Übrigen ein gängiges Mittel, um sein Gegenüber zum Schweigen zu bringen (man denke nur an Feydeaus *Fanny*: »›Schweig, Roger!‹ Und sie erstickte meine Stimme mit einem Kuß.«). Wahre Liebe bedarf keiner Worte. Die schöne Krämerin in Hofmannsthals Erzählung *Erlebnis des Marschalls von Bassompierre* ist nahezu stumm und bedient sich nur selten der Sprache: »Dann wieder war es, als wollte sie sprechen, aber die von Küssen zuckenden Lippen bildeten keine Worte, die bebende Kehle ließ keinen deutlicheren Laut als ein gebrochenes Schluchzen empor.« [116]

Im Roman dient der Kuß verschiedenen Erzählstrategien; seine Funktionen sind vielfältig. Ein hervorragendes Beispiel dafür ist der Roman *L'Enfant du carnaval* (Das Kind des Karnevals) des französischen Schriftstellers Pigault-Lebrun, der 1796 erstmals veröffentlicht wurde. Der Roman ist insofern interessant, als er zahlreiche Widersprüche aufweist. Er vereint sentimentale und satirische, naive und kritische Elemente, die allesamt für das Vermächtnis des ausgehenden 18. Jahrhunderts stehen.

Die Mischung aus Trivialität, Komik und Pathos und seine wechselhafte, pikareske Handlung verleihen dem Roman eine Leichtigkeit, die derjenigen der englischen Romane, die das Leben in den schillernsten Farben malen, in nichts nachsteht. In dem Vorwort zur Ausgabe von 1989 bezeichnet Roland Virolle den Roman zu Recht als Rhapsodie. Tatsächlich läßt sich Pigault-Lebrun von vielen Größen der Literatur inspirieren, unter anderem von Marcel Prévost, Voltaire, Alain René Lesage, Charles Sorel, Paul Scarron, Laurence Sterne, Jean-Jacques Rousseau und Samuel Richardson. Der Autor brilliert mit beißender Ironie und vermengt zahlreiche Zutaten, die einem Roman zu jener Zeit den Erfolg sicherten. Obwohl immer an der Grenze zur Parodie, verleiht der Realismus mancher Szenen, die mitten aus dem Leben gegriffen zu sein scheinen, dem Text einen wirklichkeitstreuen Charakter, der den Leser in seinen Bann zieht. Eine der Zutaten, die dem Roman seine Würze verleihen, ist der Kuß, der in den unterschiedlichsten Situationen zum Einsatz kommt. Es scheint, als sei der Kuß eine regelrechte Modeerscheinung, zumindest im Universum des Autors, der ihn als eine Art Passepartout für Übergänge, plötzliche Wendungen in der Handlung oder Überraschungseffekte verwendet, manchmal auch einfach, um Bezüge zwischen verschiedenen Episoden herzustellen. Mitunter ist der Kuß sogar für den strukturellen Zusammenhalt der Erzählung verantwortlich. Wenn also das 18. Jahrhundert als Jahrhundert der Tränen bezeichnet wird, darf nicht vergessen werden, daß es zugleich das Jahrhundert des Kusses war. Pigault-Lebrun erforscht in seinem Roman die Bedeutung des Kusses in zwischenmenschlichen Beziehungen sowie seine erotischen, emotionalen und bisweilen auch humoristischen Dimensionen.

## Der Kuß als Urheber des Dramas

In einer Erzählung gibt es diverse Verwendungsmöglichkeiten für den Kuß. Manchmal dient er dazu, Lippen zu verschließen und jemandem das Wort abzuschneiden (»hundert Küsse, tausend Küsse verschlossen mir die Lippen«, sagt Happy in *L'Enfant du carnaval*), manchmal dazu, den Held oder die Heldin aus einem tiefen Schlummer zu wecken. In Pigault-Lebruns Roman kann zum Beispiel Monsieur de Cervières seine Freude nicht im Zaun halten. Er kommt ins Zimmer gestürzt und weckt Happy »mit so heftigen und ausdauernden Küssen, daß dieser zunächst nicht wußte, was er davon halten sollte.« Manchmal ist ein Kuß aber auch der Beginn einer Trennung. So sagt Fanchon, die in Happy verliebt ist, der wiederum Juliette liebt, voller Einfühlungsvermögen, Offenheit und Hellsichtigkeit: »Dieser Kuß soll unser letzter sein. Ich verlange nichts mehr von Euch; Ihr könnt nichts mehr von mir fordern. Ich mag zwar unbedacht und leichtsinnig sein, trage das Herz aber auf dem rechten Fleck. Ich weiß, daß es jemanden gibt, der unter Eurer Abwesenheit leidet. Kehrt zu Eurer ersten Liebe zurück.«

In Pigault-Lebruns Roman begleitet der Kuß Kummer und Freude. Die Berührung der Lippen bringt die Körper und Seelen einander näher. Häufig sind es jedoch eher erstere als letztere, die einander näherkommen, wie die Episode mit der Hebamme und der Klosterpförtnerin zeigt. Happy und Fanchon haben sich als Geschwister ausgegeben, die zufällig an dem Kloster vorbeigekommen sind, in dem Juliette ihr Kind zur Welt bringt. Sie geben vor, sich das Kloster ansehen zu wollen. Die Klosterpförtnerin läßt sie herein und führt sie herum. Zur gleichen Zeit bringt Juliette ihre Tochter zur Welt. Die Hebamme kommt nach der Geburt zur Klosterpförtnerin, die noch einen Schwatz mit Fanchon und Happy hält. Alle vier stoßen auf das Kind an, wobei die Klosterpförtnerin und die Hebamme von Happy und Fanchon mit Schnaps abgefüllt werden, damit sie Juliettes und Happys Kind unbemerkt aus dem Kloster schleusen können. Die betrunkenen Frauen überhäufen Happy daraufhin mit Küssen:

> Fanchon und ich tranken wenig, drängten aber unsere Gäste. Bald legte die Klosterpförtnerin jeglichen klösterlichen Dünkel ab, und ihr schien aufzugehen, daß ich ein hübscher Junge war. »Habt keine Angst, mein liebes Kind«, sagte sie und griff nach meinem Kinn. »Ich küsse Euch nur für Eure Schwester.«
> »So scheinheilig bin ich nicht«, entgegnete die Hebamme. »Ich küsse ihn um meiner selbst willen.«
> Ich saß zwischen den beiden Damen, und wenn ich einer entwischt war, konnte ich der anderen nicht mehr ausweichen. Ich zog ein Gesicht, das es mit den Grimmassen der Hebamme durchaus aufnehmen konnte. Fanchon lachte, sie lachte ... und sie schenkte ein, wir tranken, und die Küsse und Umarmungen häuften sich so sehr, daß ich nicht mehr wußte, welcher der Frauen ich meine Aufmerksamkeit schenken sollte.

Zuallererst ist der Kuß jedoch ein Begrüßungsritual, das nicht nur Höflichkeit ausdrückt, sondern auch gegenseitige Zuneigung. Im ersten Kapitel von *L'Enfant du carnaval* führt der Autor drei seiner Figuren ein, indem er sie bei einem Mittagessen aufeinandertreffen läßt. Pater Jean-François, ein unwürdiger, weil ungepflegter, selbstsüchtiger, stumpfsinniger und vor allem gefräßiger Kapuzinermönch stattet Monsieur Bridault, der ebenfalls der Freßsucht verfallen ist und unter Gicht leidet, einen Besuch ab.

> Um Schlag zwölf Uhr mittags stand Hochwürden vor Monsieur Bridaults Tür. Mademoiselle Suzon führte ihn herein; die beiden Männer Gottes küßten sich innig und unterhielten sich einen Moment über den Verfall des Glaubens und die gottlosen Scherze einiger junger Leute aus Calais, die sich für unheimlich geistreich hielten, warum auch immer.

Eine wichtige Funktion des Kusses ist es, die Figuren und ihr Verhältnis zueinander zu charakterisieren. Der Kuß einer Mutter zeugt von Liebe und Stolz auf ihr Kind. So ist Mademoiselle Suzon entzückt über den Heißhunger ihres Sprößlings Jean (der später Happy genannt wird), als dieser das Stück Weißbrot, das sie ihm gebracht hat, sogleich verschlingt. Zudem ist sie hocherfreut über seinen sauberen Zustand, der allerdings dem Zufall geschuldet ist. »Sie küßte mich mütterlich und ließ mich die Gebete aufsagen, die man mir mit dem Riemen eingeprügelt hatte.« Mutterliebe ist blind, und so gibt Mademoiselle Suzon nur vor, die anderen Kinder der Amme, bei der Jean aufwächst, zu küssen, ein Zeichen dafür, daß sie ihr eigenes Kind liebt und ihr die anderen gleichgültig sind. Das eigene Kind zu küssen ist eine Geste, die in Mademoiselle Suzon mütterliche Gefühle auslöst.

Als Juliette später im Roman verfolgt und verhaftet wird, kann Happy nur einen Gedanken fassen: »Sie würde keine Mutter mehr sein, bis sie nicht ihr Kind geküßt hatte.« Doch ein Kuß kann auch ein Zeichen von Vaterliebe sein: »Allein die Vorstellung, mein Kind zu sehen und zu küssen, erfüllte mich mit heller Freude. Ich hatte die Bande zu seiner Mutter gelöst; ich spürte, daß sie wieder enger wurden, und dieser Gedanke tröstete mich.« Das eigene Kind zu küssen, heißt also, drei Menschen miteinander zu verbinden! Denn der Kuß stärkt den

Familienzusammenhalt: »Sie trug das Kind auf dem Arm und übergab es mir. ›Das ist Juliettes Tochter‹, flüsterte sie mir zu. ›Gebt ihr einen Kuß. Das hilft gegen die Versuchung.‹«

Wenn ein Elternteil das gemeinsame Kind küßt, kann das auch ein indirektes Mittel sein, einen Streit beizulegen. Nachdem Happy einen Fehltritt begangen und Juliette betrogen hat, erhält er auf diesem Weg den Beweis, daß sie ihn immer noch liebt:

Ich litt, flehte, war wie betäubt. Ich nahm ihre Hand in die meine, sie ließ es geschehen. Ich drückte sie, doch ihre Hand blieb stumm. Ich küßte meine Tochter und gab sie ihr zurück. Sie küßte sie auf genau die Stelle, an der meine Lippen ihre Wange berührt hatten: Dieser Kuß heilte meine Wunde. Sie ging fort, und ich kehrte nach Hause zurück.

Später, als Juliette in den Kerkern der Revolutionäre gefangengehalten wird, küßt sie ihre Tochter, sieht dabei Happy in die Augen und scheint zu sagen: »Im Grunde küsse ich dich.«

Eine völlig andere Art der Charakterisierung ist der Versöhnungskuß, der auf burleske Art und Weise (in einer Parodie des christlichen Friedenskusses) die sexuellen Eskapaden von Happys Vater beendet. Pater Jean-François hat sich überfressen, und es rumort in seinem Magen, weshalb der Mönch übereilt den Saal verläßt. Ihm wird übel, und er übergibt sich auf Mademoiselle Suzon, die Küchenmagd. Daraufhin bemüht sich der Pater, den Schaden wieder gutzumachen, indem er mit einem Taschentuch an ihr herumputzt. »Suzon, die noch nie zuvor von der Hand eines Mannes liebkost worden war und die ebenfalls beim Essen reichlich zugegriffen hatte, stand in Flammen.« So kommt es zur Zeugung des Protagonisten auf dem Küchentisch.

Nach dem Akt meiner Zeugung standen mein Vater und meine Mutter einander beschämt gegenüber, tauschten schließlich einen Blick aus den Augenwinkeln, sanken einhellig auf die Knie, sprachen gemeinsam ihr Schuldbekenntnis, leierten das *Herr, erbarme dich unser* herunter, gaben sich den Friedenskuß, standen wieder auf und sagten seufzend: »Gottes Wille geschehe. Der Teufel der fleischlichen Lust hat uns hinterrücks überfallen. Wir waschen unsere Hände in Unschuld.«

Dieser spezielle Friedenskuß beendet Wallungen, die überhaupt nichts Heiliges haben. Eigentlich ist der Friedenskuß ein christlicher Kuß, der auf die Apostel zurückgeht und den der Priester den Gläubigen als Zeichen der Nächstenliebe gab, bevor er ihnen das Brot und den Wein der Eucharistie reichte. Bei Pigault-Lebrun küßt der Pater Suzon nicht, bevor er ihr das Sakrament überreicht, sondern nachdem er sie geschwängert hat. Es handelt sich also eher um eine Geste der Versöhnung und Vergebung. Dennoch hat der Kuß hier eine deutlich ironische Funktion, da er nachlassendes Begehren symbolisiert. Der Kuß markiert das Ende der Begegnung und setzt einen Schlußpunkt.

Im 18. Jahrhundert gab es nichts Natürlicheres, als seinen Gefühlen freien Lauf zu lassen. Ein Kuß war ein Zeichen wahrer Menschlichkeit und eine Möglichkeit, seinen Glauben an das Gute im Menschen zu zeigen. Ein Beispiel hierfür ist Edmond, der sich in seiner Naivität für einen großen Wohltäter hält, als er einem Unbekannten Geld leiht, und zwar einzig und allein aus dem Grund, weil dieser ihm dafür seine Gunst verspricht. Edmonds küßt den Unbekannten sogar in einem Anflug von Überschwang, der für die Epoche Pigault-Lebruns charakteristisch war und letztlich nichts als blinde Selbstverliebtheit oder gar Eitelkeit ist. Mit dieser Episode kritisiert der Autor eher Edmonds Naivität als Gefühlsausbrüche im allgemeinen.

Pigault-Lebrun ist sich, sehr zum Vergnügen des Lesers, der Komplexität der menschlichen Gefühle durchaus bewußt.

Als Happy kurz davor ist, Selbstmord zu begehen, hält ihn eine bettelarme Frau davon ab, tröstet ihn und nimmt ihn mit zu sich nach Haus. Sie weckt neue Hoffnung in ihm, und aus Dankbarkeit gibt er ihr einen Kuß: »Es gibt keine Leidenschaft und keinen Überschwang, die das menschliche Herz nicht kennt. Ich fiel der guten Frau um den Hals, küßte sie inbrünstig, nannte sie Mutter und drängte ihr zwei Louis d'Or auf. Das war mein ganzer Besitz.«

Der Kuß – der in der zweiten Hälfte des 18. Jahrhunderts ein vieldiskutiertes Thema war – ist zudem der Freundschaftsbeweis schlechthin. Gerührt von der Großherzigkeit Abells, den Juliette heiraten soll, küßt ihn Happy »mit der aufrichtigsten Herzlichkeit.« Später, als sie sich erneut begegnen, ist der Kuß Ausdruck ihrer Freude: »Wir küßten uns wie zwei Freunde, die nicht mehr auf ein Wiedersehen zu hoffen gewagt hatten und die einander in dem unwahrscheinlichsten Moment begegneten.« Freundschaftliche Küsse ersticken jede Eifersucht im Keim. Auf Abells Frage, was denen bleibe, die keine Hoffnung mehr hätten, antwortet Juliette: »›Die Freundschaft‹, und sie küßte ihn so überschwenglich, daß Happy ihr beinahe dankbar war.« Als Fanchon Juliette küßt, um ihr ihre Zuneigung zu zeigen, schmeichelt dies Happy, und er freut sich über die beginnende Freundschaft zwischen den beiden.

Ein Kuß kann auch die gegenseitige Wertschätzung ausdrücken. Durch einen Kuß stellt man sich mit dem Gegenüber auf dieselbe Stufe. Dies zeigt zum Beispiel die Szene, in der Mylord Happy, den er adoptiert hat, in die Arme schließt: »Dieser junge Mann war mein Hausdiener. Von nun an soll er mein Freund sein. Kommt, Happy, gebt mir einen Kuß.«

Der Kuß in seinen vielfältigen Formen kann auch ein Symbol der Versöhnung sein. Bei Pigault-Lebrun erkennt Monsieur d'Hérouville, daß er seiner Tochter unrecht getan hat, woraufhin sie sich in einer rührseligen Szene in die Arme fallen:

> Monsieur d'Hérouville hatte ein imposantes Äußeres und trug eine strenge Miene zu Schau, weshalb seine Tochter sich vor ihm fürchtete. Sie wirft sich ihm zu Füßen. Er hebt sie auf und küßt sie. »Wir haben beide Fehler begangen«, sagte er. »Doch wer tut das nicht im Leben? Vergiß die meinen, und ich will mich nicht mehr an deine erinnern. Möge dies der Beweis sein, der dich versöhnt.« Er übergab ihr das Kind, das sie sogleich in die Arme schloß. »Und hier ist Euer Gemahl.« Er legte Cervières' Arme um sie.

Doch in den meisten Fällen ist der Kuß ein Sesam-öffne-dich, der Beginn einer innigen Beziehung. Zunächst ist er eine Art Initiationsritus. Als Jüngling versteht Happy die Verwirrung nicht, die ihm der Gedanke an einen Kuß von Juliette beschert. Sein Körper ist in Aufruhr, als brenne ein Feuer in ihm:

> Ich blieb vor ihr stehen. Sie hielt den Blick gesenkt, und ein tiefes Rot färbte ihre Wangen. Ein unbekanntes Gefühl überkam mich. Ein Feuer, das ich nie zuvor gespürt, strömte von meinem Herz in meine Adern und mit dem Blut durch meinen Körper. Miss und ich standen reglos da, zwei Schritte auseinander. Mylord versetzte mir einen Stoß gegen die Schulter und befahl mir, sie zu küssen: Ich streifte ihre Wange und sank ohnmächtig zu Boden.
> Der Doktor wollte einen Chirurgen herbeirufen, der mich zur Ader lassen sollte. Miss versicherte ihm, meine Unpäßlichkeit sei auf ein Übermaß an Freude zurückzuführen.

Dieses Szene ist nur ein Vorgeplänkel. Sie markiert den Übergang von der kindlichen Unschuld zur Leidenschaft eines Er-

wachsenen. Kurz nach diesem ersten Kuß stattet Juliette dem
»Kranken«, der das Bett hütet, einen Besuch ab. Zweifellos
hat der erste Kuß auch sie aufgewühlt, denn sie kommt zu
Happy – immer noch in aller Unschuld –, um ihn in Versuchung zu führen und von ihm in Versuchung geführt zu werden:

> Sie war aufgestanden; sie stützte sich auf das Kopfende meines
> Bettes und beugte sich zu mir herunter; ihr Mund berührte fast
> den meinen, ich atmete ihren Atem, in mir brannte ein Feuer.
> Ich ergriff ihre Hand und bedeckte sie mit Küssen. Mein Herz,
> meine Seele, mein ganzes Ich lag auf meinen Lippen, erstarb
> auf dieser Hand und erwachte dort zu neuem Leben …
> »Hör auf«, stieß Juliette hervor. »Hör auf … Unser Tun hat mir
> die Augen geöffnet. Happy, wir sind keine Kinder mehr.«
> Ich sah nichts und hörte nichts. Ich wagte es, ihre Hand auf
> mein Herz zu legen. Sie nahm all ihre Kraft zusammen, entzog
> mir die Hand und ging mit raschen Schritten davon. Sie hatte
> die Hand schon auf die Türklinke gelegt, als sie sich noch ein-
> mal zu mir umdrehte. Ihre feuchten Augen ließen meine nicht
> los; sie konnte den Blick nicht abwenden.

Der Atem der Geliebten schürt hier das Feuer der Leidenschaft. Doch der Kuß ist noch viel mehr – er ist eine Offenba-
rung: Er läßt den Abgrund erahnen und schärft die Sinne und
das Bewußtsein für Zeit und Raum. Juliettes Ausruf »wir sind
keine Kinder mehr« hat mehrere Bedeutungen. Einerseits hat
ihr der Kuß zu einer Einsicht verholfen: Sie kennt nun den
Grund für ihre Gefühle und die heftige Reaktion ihres Körpers, der bei der flüchtigen Berührung ihrer Münder erbebt
war. Darüber hinaus steht der Ausruf »wir sind keine Kinder
mehr« für den Verlust der Unschuld und der kindlichen Freiheit, im Grunde also für die Vertreibung aus dem Paradies.
Von nun an ist ihre Ehre bedroht, da der Kuß ein Verstoß gegen die Sittlichkeit ist. Durch ihre Worte bekennt sich Juliette

schuldig, zeigt Reue und ist nunmehr dem Schicksal ausgeliefert, in dem Glück und Unglück zusammenfallen.

Beim Küssen führt oft eins zum anderen, bis das »wehrlose Opfer« endgültig vor der Leidenschaft kapituliert. Der Leser muß noch viele Seiten warten, bis Happy die Brüste seiner Gemahlin mit heißen Küssen bedecken darf. Bis dahin muß sich Happy mit einem keuschen Gutenachtkuß auf die Stirn zufriedengeben und allein in seine Dachkammer zurückkehren. Erst ein anderer Kuß, der der Mutter Jacquot, entläßt das frisch vermählte, glückliche Paar in die Freiheit. Endlich können sie sich einander hemmungslos hingeben. »Mutter Jacquot küßte uns nacheinander und überließ uns den Geheimnissen der Liebe.« Endlich wird Juliettes Reizen die gebührende Aufmerksamkeit zuteil; endlich steht der Leidenschaft nichts mehr im Wege. »Die Liebe weckte sie aus der Erstarrung; sie wehrte sich nicht dagegen.«

Das Eheglück besteht aus tausend kleinen Küssen. Doch ein Kuß kann auch eine oberflächliche Geste sein, wenn man die Liebe auf die leichte Schulter nimmt, wie die Marquise, die eine Dummheit von sich gegeben hat, schallend lacht und ihrem Mann einen Kuß gibt. »Der Offizier versicherte ihr auf eine Art, die jede anständige Frau mit Abscheu erfüllt hätte, sie sei entzückend. Ihren Gemahl belustigte die Unverschämtheit des Offiziers; dieser amüsierte sich über die Gutmütigkeit des Gemahls, und die Marquise lachte vielleicht über beide.«

Die wahre Liebe kennt solche seichten Küsse nicht und ist etwas ganz anderes als das oberflächliche Geplänkel verkommener Aristokraten. Denn eigentlich ist der Kuß zwischen Eheleuten ein Zeichen innigster Vertrautheit und damit der Inbegriff von Familienidylle.

Juliette stand auf, um mein Werk aus der Nähe zu betrachten, und sie konnte es erst richtig sehen, als ihre Wange die meine berührte. Sie brachte mich aus der Ruhe, doch das war mir nur recht: Ich gab mir ebenfalls die größte Mühe, sie aus der Ruhe zu bringen. Ich schlich mich auf Zehenspitzen an sie heran, um ihr einen Kuß zu stehlen, sie drehte sich um und verfolgte mich, um ihn sich zurückzuholen. [...] Beim Mittag- und Abendessen setzte ich mich neben sie oder zog sie auf meinen Schoß. Wir aßen von demselben Teller, tranken aus demselben Glas, und alles war dadurch noch schöner.

## Der Kuß als Dreh- und Angelpunkt

Nach einer Betrachtung der symbolischen Funktion des Kusses, der auch durch die Luft geschickt werden kann, wenn eine direkte Berührung unmöglich ist und unüberwindbare Hindernisse die Liebenden trennen (als Juliette im Gefängnis sitzt, schickt sie Happy »hundert Küsse«, begleitet von den Worten: »Das ist leider alles.«), soll es nun vor allem um seine Funktion für die Erzählung gehen. Ein Kuß kündigt einen Übergang an, zum Beispiel einen Ortswechsel. Er zeigt das Ende einer Szene an, nach der die Handlung eine neue Wendung nimmt.

Beim Küssen wie beim Essen spielt der Mund eine zentrale Rolle. In Pigault-Lebruns Roman ist der Kuß die Fortsetzung der Schlemmereien, die im ersten Teil viel Raum einnehmen. Die oralen Genüsse sind ein Leitmotiv, das die Bedeutung des Körpers hervorhebt.

Durch die Betonung der Sinnlichkeit entsteht eine lebendige, pulsierende Bewegung, wobei die Küsse Akzente setzen und für den Spannungsbogen und die Dynamik des Romans verantwortlich sind.

Darüber hinaus verweist der Kuß auf die Materialität des Buches selbst, auf das Papier und die Schrift. Seit ewigen Zeiten küßt man einen Brief, den man von einer geliebten Person erhalten hat. Der Brief fungiert so einerseits als Synekdoche, als Teil, der das Ganze repräsentiert, und steht andererseits für eine Form von Fetischismus, die auf der Vorstellung beruht, jeder Gegenstand, den die geliebte Person berührt hat, nehme einen Teil von ihr in sich auf. So kann Happy, dem Fanchon einen Brief von Juliette überreicht, seine Freude kaum zügeln, weshalb er den Körper der Gelieben mit dem gesamten Universum gleichsetzt und sie damit gewissermaßen »verunendlicht«. »›Das ist ihre Schrift‹, rief ich aus. ›Er ist von Juliette.‹ Ich küßte das Papier, und ich küßte Fanchon. Ich hätte auch die blonde Schönheit geküßt, die Klosterpförtnerin, das ganze Universum.«

Die Literaturwissenschaftlerin Ioana Galleron Marasescu vergleicht den Kuß mit dem Lesen, da bei beidem die Realität und die Außenwelt ausgeblendet werden.[117] Bei beiden Tätigkeiten geht man in etwas anderem auf und vergißt für eine Weile sich selbst und seinen Alltag. Die Gefühle des Lesers werden – genau wie die Gefühle beim leidenschaftlichen Kuß – mit Begriffen wie »Herzklopfen« oder »Sog« beschrieben: »Die Kußszene im Roman spiegelt zwar nicht die Beziehung zwischen dem Rezipienten und dem Text wieder, kann aber in diesem Sinn gelesen werden, wenn nämlich der Autor sein Phantasma einer perfekten Kommunikation mit dem Leser in die Szene hineinprojiziert, die Ausdruck seiner Sehnsucht nach dem Glauben an eine Seelenverwandtschaft ist.« Wenn man den Kuß auf diese Weise interpretiert, gelangt man mit Ioana Galleron Marasescu zu dem Schluß, daß die Analyse des Zungenkusses und verwandter Gesten (Handkuß, Wangenkuß etc.) eine Moral der Lektüre und eine eigene Poetik begründet.

> »Wie ein Kuß stellt der Moment, in dem man sich in ein Buch vertieft, einen Einschnitt dar. Die Befriedigung, die einem die Lektüre verschafft, entspricht nicht der, die ein Liebespaar anstrebt (obwohl, wer weiß?). Dennoch ist sie verglichen mit der aufregenden, unbeschreiblichen Ekstase der Leidenschaft von ebensolcher Dauer und Beständigkeit.«

Doch der Leser, der mit den Romanhelden mitfiebert, kann auch auf ein Täuschungsmanöver hereinfallen, wie in *Das Leben und die Ansichten Tristram Shandys* von Laurence Sterne. Dort versucht die Witwe Wadman Onkel Toby zu verführen, indem sie den Trick mit dem Staubkorn im Auge anwendet. Doch obwohl der alte Junggeselle brav sein Gesicht dem ihren nähert und ihr auch prompt verfällt, erfolgt der Kuß, den der Leser erwartet, nur in der Phantasie. So führt der Erzähler den Leser hinters Licht, und dieser muß sich mit einem Beinahe-Kuß zufriedengeben. Wie immer bei Sterne geschieht der Kuß dann, wenn man am wenigsten mit ihm rechnet. Dieses Hin und Her ist charakteristisch für den Roman, in dem Sterne mit den Erwartungen der Leser spielt.

Zahlreiche Beispiele aus der Literatur zeugen von der Wechselbeziehung zwischen Lektüre und Kuß. Ich möchte gar nicht näher auf kitschige Liebesromane eingehen, die die Herzen ihrer Leser rühren, oder auf Erotikromane, deren Lektüre im Idealfall wirkliche Küsse zur Folge hat. Statt dessen denke man an Paolo und Francesca, die dank Dante unvergessen sind. In der *Göttlichen Komödie* berichtet Paolo, Francesca da Riminis Schwager, mit dem sie Ehebruch begangen hat, wie diese ihm vom Beginn ihrer Liebe erzählte.

> Und jene dann zu mir: »Kein größeres Leid,
> Als sich erinnern in den Unglückstagen
> Der guten Zeit; dein Lehrer weiß Bescheid.
>
> Doch drängt es dich so mächtig, zu erfragen,
> Wie einst die Liebe kam in unsere Brust,
> So will ich unter Tränen dir es sagen.
>
> Wir lasen eines Tages, uns zur Lust,
> Von Lanzelot, wie Liebe ihn durchdrungen;
> Wir waren einsam, keines Args bewußt.

Obwohl das Lesen öfters uns verschlungen
Die Augen und entfärbt uns das Gesicht,
War eine Stelle nur, die uns bezwungen:

Wo vom ersehnten Lächeln der Bericht,
Daß der Geliebte es geküßt, gibt Kunde,
Hat er, auf den ich leiste nie Verzicht,

Den Mund geküßt mir bebend mit dem Munde;
Galeotto war das Buch, und der's geschrieben:
Wir lasen weiter nicht in jener Stunde.«[118]

Hier dient ein Kuß (der zwischen Lanzelot und Artus' Frau Ginevra) im gemeinsam gelesenen Buch den beiden Romanfiguren Francesca und Paolo als Vorbild. Auch das großartige Gemälde von Jean-Auguste-Dominique Ingres, das im Museum von Angers hängt, ist von dieser Episode der *Göttlichen Komödie* inspiriert.

Die Lektüre von Briefen, in denen Küsse vorkommen, kann ebenfalls eine große Anziehungskraft ausüben. Der junge Mann in Goethes *Leiden des jungen Werthers* (1774) schildert in seinem Brief vom 16. Julius einen Beinahe-Kuß, der ihn darniedergeworfen hat: »Wenn sie gar im Gespräch ihre Hand auf die meinige legt, und im Interesse der Unterredung näher rückt, daß der himmlische Atem ihres Mundes meine Lippen erreichen kann – ich glaube zu versinken, wie vom Wetter gerührt.« Im Brief vom 24. November schreibt Werther, ihm schwänden die Sinne bei dem Gedanken, Charlotte in die Arme zu schließen und sie tausendfach zu küssen. Voller Leidenschaft beschreibt er ihre liebreizenden Lippen, die sich nur dann halb öffnen, wenn sie die Töne ihres Cembalos aufgreifen. »Ich widerstand nicht länger, neigte mich und schwur: nie will ichs wagen, einen Kuß euch aufzudrükken, Lippen! auf denen die Geister des Himmels schweben.«

Nicht anders ergeht es Jacopo in Ugo Foscolos berühmtem Briefroman *Letzte Briefe des Jacopo Ortis,* der stark von Goethes *Werther* beeinflußt ist. Jacopo entlockt Teresa einen Kuß, nachdem er die Schönheit der Natur gepriesen und Petrarca, den Dichter der Liebe, zitiert hat. »›Alles ist Liebe‹, sprach ich; ›das Weltall ist nichts als Liebe, und wer hat sie inniger gefühlt, wer süßer als Petrarca sie andern eingeflößt?‹ [...] Teresa seufzte und lächelte zugleich.« Während Teresa im Schatten eines Maulbeerbaums ruht, trägt Jacopo ihr Sapphos Oden vor. Schließlich küssen sich die beiden inmitten der Natur: »Blume und Kraut hauchten in diesem Augenblick einen süßen Duft aus; die Lüfte waren ganz Wohlklang, die fernen Bäche murmelten sanft, und alles ward schöner im Glanz des Mondes, den der Gottheit unendliches Licht erfüllte. Die Elemente und geschaffenen Wesen mischten ihren Jubel in die Wonne zweier liebestrunkener Herzen.« (Brief vom 14. Mai)

Was aber, wenn ein Kuß nichts als ein flüchtiger Augenblick ist? Dann bliebe dem Schriftsteller nichts anderes, als von der berauschenden, unwirklichen Idylle zu träumen. In dem Aufsatz *Aus der Phantasie* stellt sich Robert Walser eine Edeldame und ihren Edelknaben vor, die in einem Boot über einen See rudern. Die Szenerie ist erstarrt; Himmel und Wasser gehen ineinander über. Das Phantasiebild des Schriftstellers bildet den Rahmen für den Traum der beiden Figuren. »Beide, die Edeldame und der Edelknabe träumen.«[119] Sie träumen von der Liebe, denn die Edeldame muß ihn »gewiß sehr liebhaben«. Die Sonne, die ihre Haut küßt, spiegelt sich im Wasser, das die Hand der Edeldame küßt, so wie sich das Ufer im Wasser spiegelt. »Die braunen Rebberge spiegeln sich schön im Wasser, auch die Landhäuser. Natürlich! Das eine, sowie das andere muß sich spiegeln. Keines hat einen Vorzug. Alles, was das Ufer belebt an Gestalt und Farbe, ist dem See untertan, der mit ihm macht, was er will. Er spiegelt's. Er ist der

Zauberer, der Herr, das Märchen, das Bild.« Die Szene wiederholt sich: »Es ist immer dasselbe ruhige Dahinfahren. Wir haben's schon beschrieben, wenn auch ungenügend gesagt. Wir? Ei, spreche ich in der Mehrzahl? Das ist eine Schriftstellergewohnheit.« Man könnte präzisieren, die eines Schriftstellers, der unter dem Einfluß der Romantik stand. Walser spielt mit seinen eigenen Visionen und Phantasien – denen eines allgegenwärtigen Kusses.

Doch ein Kuß kann auch furchterregend sein, wenn er sich in eine beängstigend abstrakte Idee verwandelt. Walsers Prosatext *Der Kuß I* schildert den Kuß als bizarren Traum, als eine Heimsuchung, die wie ein fürchterlicher Blitz über den Erzähler kommt. »Ahnungslos und willenlos und gänzlich bewußtlos [...] lag ich da [...], als das Herrliche und Schreckliche, das Große und Süße, das Liebe und Furchtbare, das Entzückende und Entsetzliche über mich herfuhr, als wolle es mich mit seinem Druck und Kuß ersticken. [...] Es war nicht ein Mund, der mich küßte, nein, es war ein Kuß in der Alleinigkeit und Einzigkeit. Es war ein Kuß, der völlig und einzig nur Kuß war und weiter nichts. Etwas Unabhängiges, Seelenähnliches, Gespenstisches war's.«[120] In diesem Kuß, den »ich mir verbiete, näher zu sagen«, sind die Gegensätze vereint. So bleibt er unergründlich und schließt die Sprache kurz, da in ihm dämonische Leidenschaft und süße Verzweiflung aufeinandertreffen.

# Atem an Atem

»Lamélie schloß die Augen und widmete sich fromm der
Zungenakrobatik.«

Raymond Queneau: *Die blauen Blumen*, 4. Kapitel

In seinem Dialog *Il Delfino overo del bacio* wirft Francesco Patrizi die Frage auf, warum ein Kuß so köstlich schmeckte und
warum er sich auf den Lippen so angenehm anfühlte. Er behauptet, der Kuß werde vom Herzen diktiert, und die Liebe
sei der Grund für seine Köstlichkeit. Ein Kuß ohne Liebe sei
tot und schmecke schal. Die Feststellung ist naheliegend,
auch wenn sie in einem fort widerlegt wird. Man kann jedoch
nicht sagen, daß die romantische und die realistische Auffas-
sung vom Kuß einander widersprächen, da sie nicht säuber-
lich voneinander zu trennen sind. Vielmehr bewegt sich der
Kuß zwischen diesen beiden Extremen.

## Der Kuß als Körper und Geist: ein neuer Dualismus?

Für Materialisten und Sensualisten ist der Kuß nichts als ein
physiologischer Vorgang, der auf einer Erhitzung der Körper-
säfte zurückzuführen ist. Deshalb kann ein keuscher Kuß
dazu dienen, die sexuelle Freizügigkeit zu verschleiern, die in
so manchem literarischen Werk und in der Phantasie so man-
ches Schriftstellers herrscht. Allerdings kann der Kuß aber
auch der Beginn sexueller Ausschweifungen sein oder als Metapher für den Beischlaf stehen.

In Vivant Denons libertiner Erzählung *Nur diese Nacht* vergleicht der Erzähler Küsse mit dem Austausch von Vertraulichkeiten: Sie ziehen sich an, steigern sich und schaukeln sich gegenseitig hoch: »Tatsächlich, kaum war der erste gegeben, da folgte ein zweiter; und noch einer: dicht an dicht drängten sie, unterbrachen das Gespräch, traten an seine Stelle und ließen zuletzt den Seufzern kaum noch die Chance, sich unseren Mündern zu entringen. Stille trat ein; man konnte sie hören (denn manchmal hört man die Stille): sie ließ uns erschrecken.«[121]

Auch in Jean-Charles Gervaise de Latouches *Geschichte des Dom Bougre* wird der Kuß mit dem Beischlaf gleichgesetzt. In einer Szene beschreibt der Ich-Erzähler Saturnin, der Pförtner in einem Kartäuserkloster ist, die Begegnung mit Madame d'Inville:

Ich vögelte sie mit aller Kraft. Und sie, lebhaft und unverdrossen umfing mich und bewegte sich im Rhythmus meiner Stöße. Meine Hände lagen unter ihrem Hintern, ihre auf meinem, ich preßte sie verzückt an mich, sie tat das gleiche, unsere Münder klebten aufeinander, sie waren wie zwei Fotzen, unsere Zungen fickten sich, unsere miteinander verschmelzenden Seufzer verhalfen uns zu einer süßen Mattigkeit, die bald von einer Ekstase gekrönt wurde, die uns entrückte und niederstreckte. [122]

Wenn bei öffentlichen Wettbewerben Rekorde im Küssen aufgestellt werden, stehen nicht unbedingt Gefühle, Liebe oder Seelenverwandtschaft im Mittelpunkt, sondern der Sport. Die Regeln des Guinness Buchs für Kußrekorde lauten folgendermaßen: Während der gesamten Zeit des Rekordversuchs müssen sich die Lippen ununterbrochen berühren. Die Teilnehmer müssen volljährig sein. Sie müssen die gesamte Zeit über wach bleiben. Während des gesamten Rekordversuchs muß das Paar ohne Hilfsmittel stehen und am selben Ort bleiben.

Die jüngsten Rekorde im Dauerküssen liegen bei über dreißig Stunden.[123] Den längsten Unterwasser-Kuß gaben sich Toshiaki Shirai und Yukiko Nagata am 2. April 1980. Er dauerte über drei Stunden. Den längsten Kuß überhaupt, der sich insgesamt (mit Pausen) über 17 Tage und 9 Stunden erstreckte, gaben sich zwei Amerikaner, Eddi Leven und Delphine Orha. 1990 küßte Alfred Wolfram im US-Bundesstaat Minnesota 8001 Frauen in 8 Stunden (also im Durchschnitt alle 3,6 Sekunden eine neue). In Brasilien wurde 1998 ein Extremwettbewerb über 62 Tage, 8 Stunden und 15 Minuten veranstaltet. Den Rekord stellte ein Paar auf, das sich 833 Stunden lang verteilt über 34 Tagen küßte (mit Pausen zum Essen und Schlafen).

Doch auch im Film wird fleißig und ausdauernd geküßt. Der erste Filmkuß erfolgte bereits 1896 in dem amerikanischen Kurzfilm *The Kiss*. Der erste »authentische« Kuß war der, den sich Natalie Wood und Warren Beatty 1961 in dem Hollywoodfilm *Fieber im Blut* gaben. Den längsten Filmkuß wiederum, der 185 Sekunden dauerte, tauschten Jane Wyman, Ronald Reagans erste Ehefrau, und Regis Toomey 1941 in *You're in the Army Now*. Diese Höchstleistungen, die letztlich nichts als eine auf die Spitze getriebene Mimesis der realen Sexualität sind, beweisen nur, wie sehr die Welt am Küssen Gefallen findet.

Nicht alle erotischen Küsse führen zwangsläufig zum Beischlaf. Einer der ersten folgenlosen Flirts der Literaturgeschichte ist der von Enkolpius. Vom Fruchtbarkeitsgott Priapus zur Impotenz verdammt, kann Enkolpius ihm kein Opfer darbringen, sondern muß sich mit Harmlosigkeiten begnügen: »Auf diesen Rasen legten wir uns zugleich hin und strebten in tausendfachem Kußgeplänkel dem Kampfziel der Wollust zu.«[124] Circe findet Gefallen an diesem arglosen Spiel. Solche Küsse sind ganz nach ihrem Geschmack: »Wenn ich sinnlich wäre, würde ich mich über die Enttäuschung beklagen; so bin ich Dir für Dein Versagen nur dankbar. Im Vorhof der Lust währte mein Vergnügen länger.« Sie spricht ohne jeden Sarkasmus über Encolpes Erektionsstörung.

Im 18. Fragment stellt Petronius das, was ich einmal mit einem Anachronismus »Flirt« nennen möchte, dem Geschlechtsakt gegenüber:

> Die Lust beim Kopulieren ist häßlich und von kurzer Dauer.
> Nach einem hastigen Liebesakt empfindet man nichts als Abscheu. Laßt uns nicht kopflos wie die brünstigen Tiere in diese
> Art von Vergnügen stürzen, bei der das Verlangen bald abflaut
> und das Feuer erlischt. Wir machen es anders. Wenn du und
> ich beieinander liegen und uns küssen, feiern wir ein berauschendes Fest. Wonnen ohne Mühe und ohne Scham. Vergangene, gegenwärtige und künftige Lust, die nicht abflaut, sondern immer wieder von neuem beginnt.[125]

Für viele ist der Kuß jedoch nur nebensächlich, ein Vorspiel. Allen voran Ovid: »Wer bereits Küsse sich nahm und das übrige nun nicht dazunimmt, der verdient, auch noch das, was er schon hat, zu verlieren.«[126] Auch Jean Paul zufolge ist der Kuß lediglich »ein Vor-Genuß, ein süßer Imbiß«.[127]

Für andere hingegen ist der Kuß eine spirituelle Nahrung. »Beim Kuß nährt sich der Geliebte vom Geist der geliebten Person«, schreibt Francesco Patrizi, der in der Renaissance die physiologische Theorie der »subtilen Geister« (»spiritus subtiles«) entwickelte. Demnach nimmt man beim Küssen das Temperament der geliebten Person über die Atemluft in sich auf. Diese Theorie (die an Descartes' »Lebensgeister« erinnert) ist eine Erklärung für die Vorstellung, man könne die Seele des oder der Geliebten über die Augen, die Poren der Haut und den Mund in sich aufnehmen. »Wenn eine Frau zufällig den Blick eines jungen Mannes kreuzt, dessen Augen von Geistern beseelt strahlen, und sein Blick sich nicht von ihrem löst, dann entflammt sie für ihn so wie er für sie, und daraus schießen die Flammen der Liebe empor.«[128]

Auch in der Pneumatologie, der Lehre von den Geistern, ist ein Kuß der Austausch des Lebensatems. Gebildete Römer, die mit Vorliebe die alten Griechen lasen, vor allem Platons Dialoge, zitierten häufig ein Verspaar, in dem er die Knabenliebe preist: »Zwischen den Lippen erhascht' ich die Seele bei Agathons Kusse; / War sie doch schon auf dem Weg, sehnend hinüberzugehen.«[129] Ein Freund von Aulus Gellius adaptierte die Zeilen und legte den Akzent auf den Übergang von einem Mund zum andern: »Wenn ich mit halboffnem Mund' / Zärtlich küss' mein trautes Lieb / Und des Athems süssen Duft / Schlürf' aus offner Lippe Thor.«[130]

## Der Kuß in einem Atemzug

Florence Dupont schreibt in *L'Invention de la littérature. De l'ivresse grecque au texte latin* (Die Erfindung der Literatur. Von der griechischen Trunkenheit zum lateinischen Text), der Kuß sei eine Kommunikation zwischen zwei Körpern, bei der Lebensatem ausgetauscht werde. Dieser Vorstellung liegt das Bild vom Wein zugrunde, der in den Mund gegossen wird. Trinken und Küssen sind demnach eng miteinander verwandt. Dupont erläutert die Herkunft des lateinischen Verbs »suauior« (küssen) und des Substantivs »suauius« (der Kuß), die beide vom Adjektiv »suavis« (süß, köstlich) abstammen, das vor allem verwendet wurde, um einen Duft oder einen Wein näher zu beschreiben. Das lustvolle Erleben beim Küssen, so führt Florence Dupont aus, beruhe daher nicht auf »der Berührung der Haut, sondern auf dem Austausch einer hauchfeinen, beseelten Flüssigkeit, deren aktive Substanzen ›Note‹ genannt werden: die Note eines Weins, die Note eines Parfums, die Note des Atems«. Die Süße eines Kusses ist demnach nicht von der Weichheit der Lippen abhängig – die Römer unterschieden zwischen den zarten Lippen der Frauen und Kinder (»labella«) und den Lippen der Männer (»labia, labra«) –, sondern vom Wohlgeruch der Mundhöhle, aus der der Lebensatem strömt. Hier ist der Lebensatem kein göttlicher oder unsterblicher Geist, sondern ganz einfach die Kraft, die den Körper belebt.

Doch der Austausch von Atem birgt auch Gefahren. Wie im dritten Kapitel beschrieben, kann man einem Vampir zum Opfer fallen. Zudem ist die Liebe eine Form der Sklaverei, da die Seele in einem fremden Körper gefangen wird und man sich in jemand anderem verliert.

Der Austausch von Speichel und Atem beim Küssen erinnert an den Schöpfungsakt, bei dem der Atem Gottes seine Geschöpfe belebt. In der griechischen Mythologie erweckt Pygmalion die von ihm erschaffene Statue einer Frau, in die er sich verliebt hat, durch einen Kuß zum Leben, und Pan fertigt aus der Nymphe Syrinx, die sich in ein Schilfrohr verwandelt hat, eine Flöte, auf der er spielen kann (und die er küssen kann), wie es ihm beliebt.

Der Mund ist ein Tor und eine Schwelle, denn er ist das Instrument der Stimme und das Spiegelbild der Seele, wie der verliebte Held in Achilleus Tatios' Roman *Leukippe und Kleitophon* erläutert:

> Ich spürte den Kuß immer noch auf meinen Lippen, als wäre er ein körperlicher Gegenstand; ich hütete ihn sorgsam und bewahrte ihn wie einen Schatz an Entzücken, was für einen Verliebten das erste süße Erlebnis ist. Der Kuß wird nämlich von den schönsten aller Körperorgane gezeugt; denn der Mund ist das Organ der Sprache, und die Sprache ist der Schatten der Seele. Die Vereinigung zweier Münder läßt köstliches Wonnegefühl in die Brust hinabströmen und zieht die Seelen zu den Küssen empor.[131]

Baldassare Castiglione, widmet den vierten Band seines *Buchs vom Hofmann* einer philosophischen Abhandlung über den platonischen Kuß, die er dem Dichter Bembo in den Mund legt. Die Abhandlung ist einer der Gründungstexte der Renaissance. Laut Bembo kann eine Dame (gemeint ist eine Hofdame) anstandslos und ohne sich in Verruf zu bringen einen Mann küssen, jedenfalls, wenn er ein vernünftiger (und kein sinnlicher) Liebhaber ist. Manche Küsse sind demnach rein spiritueller Natur, und der Körperkontakt nur ein Zeichen von Seelenverwandtschaft:

Denn da der Kuß die Vereinigung von Körper und Seele bedeutet, besteht die Gefahr, daß der sinnliche Liebhaber mehr nach der Seite des Körpers als nach der Seele neigt, während der vernünftige Liebhaber erkennt, daß der Mund, obwohl ein Teil des Körpers, nichtsdestoweniger den Worten als Dolmetschern der Seele und jenem inneren Hauch, der ebenfalls Seele heißt, eine Pforte bedeutet. Es beseligt ihn daher, seinen Mund mit dem der geliebten Frau im Kuß zu vereinigen, nicht um sich zu irgendeinem unehrenhaften Begehren treiben zu lassen, sondern weil er fühlt, daß dieses Band den Seelen einen Weg eröffnet, auf dem sie sich, von Sehnsucht getrieben, wechselseitig von einem Körper in den anderen ergießen und so miteinander mischen, daß jeder von ihnen zwei Seelen hat, und andererseits nur eine einzige, aus beiden zusammengefügte Seele gleichsam beide Körper beherrscht.[132]

Die Idee der Verschmelzung mit dem Partner inspirierte auch die Romantiker. Im Jahr 1821, kurz vor seinem Tod, schreibt Percy Bysshe Shelley das *Epipsychidion*, das einer jungen Italienerin namens Emilia Viviani gewidmet ist, einer Klosterschülerin der Chiesa de Sant'Anna in Pisa, mit der er sich ein gemeinsames Leben an einem geheimen Ort vorstellt.

Our breath shall intermix, our bosoms bound,
And our veins beat together; and our lips
With other eloquence than words, eclipse
The soul that burns between them […].
We shall become the same, we shall be one
Spirit within two frames, oh! wherefore two?
One passion in twin-hearts, which grows and grew.

Unser Atem wird zusammenströmen, unsere Herzen sich
    verbinden
Unsere Adern gemeinsam schlagen; unsere Lippen
Mit anderer Gewandtheit als mit Worten, die Seele
Auslöschen, die zwischen ihnen brennt […].
Wir werden eins werden, wir werden ein einziger
Geist in zwei Hüllen sein. Oh, warum in zweien?
Eine Leidenschaft in Zwillingsherzen, die wächst und gedeiht.

Der Austausch von Lebensatem kann ewigen Frühling schenken. So ergeht es auch Rodolphe in Mussets Gedicht *Idylle*:

Son cœur est un oiseau, – sa bouche est une fleur.
C'est là qu'il faut saisir cette indolente fille,
Et, sur sa pourpre vive où le rire pétille,
De son souffle enivrant respirer la fraîcheur.

Ihr Herz ist ein Vogel, – ihr Mund eine Blume.
Dort muß man dieses freche Mädchen erhaschen,
Und auf dem satten Purpur, von dem ihr Lächeln perlt
Die Frische ihres berauschenden Atems einatmen.

Mehr noch, ein Kuß läßt das Verrinnen der Stunden vergessen und setzt die Zeit aus. Wieder Rodolphe: »Beim Geräusch unserer Küsse fliegt die Zeit freudig dahin.« Andere gehen noch weiter und behaupten, ein Kuß schenke nicht nur Ewigkeit, sondern auch Unsterblichkeit. Marlowes Doktor Faustus bittet Helena: »O mache mich mit einem Kuß unsterblich.« (Vers 1330)

Im Gegensatz dazu kann der Kuß auch als eine Form des Todes wahrgenommen werden (man denke nur an die Bezeichnung »kleiner Tod« für den Orgasmus). Beim Küssen löst sich das Selbst auf, weil der Körper seine Kräfte verausgabt und die Seele aus ihm herausströmt.

## Absolutheit und Unendlichkeit

In der Literatur kommen viele berühmte Liebespaare vor, die sich am dramatischen Höhepunkt der Erzählung küssen, um sich im Tod zu vereinen, so etwa Tristan und Isolde oder Romeo und Julia.

Die Phantasie von einem absoluten Kuß, der bis in den Tod andauert, erinnert einerseits an die Vorstellung von der gezahnten Vagina, die die Kastrationsangst symbolisiert, andererseits an Exzesse der Wollust. In Petronius' *Satyrica* werden die Wonnen der Liebe mit dem Todesrausch verglichen: »Götter, Göttinnen, welche Nacht genoß ich, welch ein wonniges Lager! Heißumschlungen tauschten Kuß wir um Kuß und sanken selig einer unter im andern. Fahret wohl denn, Erdensorgen! Ich wollte jetzt vergehen.«[133] Nach einer leidenschaftlichen Nacht mit Giton entkommt Enkolpius dem Tod nur knapp. Der Kuß wird hier als Grenzerfahrung beschrieben.

In seinem Gedicht *Luxure* (Wollust) erinnert sich auch Albert Samain an eine solche Erfahrung: »Lippen! Lippen! Ein sterbender Kuß, ein beißender Kuß. Lager der Liebe so tief wie der Tod.«[134]

Der Tod durch einen Kuß ist ein körperliches und geistiges, ein konkretes und symbolisches Ableben. In vielen Fällen ist ein solcher Kuß im übertragenen Sinn zu verstehen. So auch die Küsse, die der Himmel der Erde gibt. Théophile Gautier, der Eugène Fromentins *Un été dans le Sahara* (Ein Sommer in der Sahara) gelesen hat, beschreibt seinen Traum von einem absoluten Licht und schildert den Kuß der Sonne mit folgenden Worten: »Man kann sich das Blaßgold, Lapislazuli, Amethyst, Perlmutt und Zartrosa nicht vorstellen, Farben, die unser Globus annimmt, wenn seine nackte Haut unter dem Kuß der Sonne erschaudert.«

Der »Kuß des Lichts« aus Gautiers Gedicht *Melancholia* ist eine erotische Metapher. Dank der Sonnenstrahlen wachsen und gedeihen Blumen und Früchte. Die Sonne gibt der Erde einen lebensspendenden Kuß. Gautier geht noch einen Schritt weiter, wenn er von den »Lippen der Sonne« spricht, die altern und mit dem Abkühlen der Leidenschaft zu Eis erstarren: »Doch die Sonne altert, ihr nur mehr blaßroter Kuß / streift unsere Stirn, ohne sie zu erwärmen / und ihre Flammen erlöschen auf unserer Seelen wie auf Eisbergen.«[135]

Émile Zola vergleicht in *Die Sünde des Abbé Mouret* Küsse mit Blättern, die von einem Baum herabfallen.

Und bei Rimbaud heißt es: »Ich hab im grellen Schnee die grüne Nacht geträumt, / die Küsse auf des Meeres Augenpaar, von Trägheit bang.« (*Das trunkene Schiff*) Percy Bysshe Shelley wiederum beschreibt in seinem Gedicht *Love's Philosophy* die kosmische Vision eines universellen Kusses:

> See the mountains kiss high heaven,
> And the waves clasp one another;
> No sister flower would be forgiven
> If it disdained its brother:
> And the sunlight clasps on earth,
> And the moonbeams kiss the sea,
> What are all these kissings worth,
> If thou kiss not me?

Sieh nur, wie die Berge den Himmel küssen,
Und die Wellen sich umschlingen;
Keiner Schwester Blume würde je verziehen,
Wenn sie ihren Bruder verstieße:
Und die Sonne umarmt die Erde,
Und das Mondlicht küßt das Meer.
Doch was sind all diese Küsse wert,
Wenn du mich nicht küssen willst?

Hier wird der Kuß des Liebespaares mit dem Kuß der Natur gleichgesetzt. Auch Victor Hugo schließt das Firmament in seinen Kuß ein: »Du bist meine Braut. Erhebe dich und komme! Möge über uns das tiefe Blau, in dem die Sterne stehen, bei der Vereinigung unserer Seelen Zeuge sein, und möge an unserem ersten Kuß das Firmament teilnehmen!«[136] Luis Cernuda tut es ihm in *Sombras blancas* aus dem Gedichtband *Un río, un amor* (1929) gleich, allerdings mit einem melancholischen Unterton:

Libremente los besos desde sus labios caen
En el mar indomable como perlas inútiles;
Perlas grises o acaso cenicientas estrellas
Ascendiendo hacia el cielo con luz desvanecida.


Ungehemmt fallen die Küsse von ihren Lippen
In das unbezähmbare Meer: nutzlose Perlen;
Graue Perlen oder aschfarbene Sterne gar,
Die aufsteigen zum Himmel mit eitlem Licht.[137]

Die Erde oder den Boden zu küssen, ist ein symbolischer Akt, den wir von zahlreichen Reisen des Papstes kennen. Der Romantiker Ernst Robert Curtius zitiert in seinem ambivalenten Aufsatz *Wesenszüge der französischen Kultur* den französischen Marschall Joffre, der bei seinem Einmarsch in das elsässische

Städtchen Thann im Jahre 1914 verkündete: »Ich bringe Euch Frankreichs Kuß.« [139] Ihm könnte man mit dem jugoslawischen Schriftsteller Miodrag Bulatović entgegnen: »Ich hätte das Vaterland geküßt, aber ich konnte seinen Kopf nicht finden.«

# Nicht enden wollend ...

Ein geistreicher Mann sagte einst: »Da der Kuß eine Ware ist, die nichts kostet, sich nicht verbraucht und von der es immer reichlich gibt, geizt niemand damit, und den Wenigsten giert es danach.« (Saint-Evremoniana). Die überschwenglichen Küsse der Höflinge und Speichellecker wurden in der Literatur vielfach aufs Korn genommen, um ihre Scheinheiligkeit zu entlarven. Molière geißelt in seinen Komödien *Die Lästigen* und *Der Misanthrop*, ebenso wie La Bruyère in den *Charakteren*[138], diese Küsse aus reiner Höflichkeit, die nichts als Unaufrichtigkeit, Täuschung, Falschheit, Arglist und Betrug sind. In *Der Misanthrop* macht Alcest Philint einen solchen Vorwurf: »Ich sehe, wie Sie jenen Menschen dort / Mit Artigkeit und Süßigkeit umringen; / Sie häufen auf dies feurige Betragen / Beteuerungen, Anerbieten, Schwüre / Und können mir, nachdem er aus der Türe, / Nicht einmal seinen Namen sagen.« Philint, der die sozialen Umgangsformen verteidigt, hält ihm entgegen: »Wenn jemand uns mit Freundesgruß begegnet, / Dann mein' ich, daß man sich erkenntlich zeigt, / Zu seiner Liebenswürdigkeit nicht schweigt / Und ihn für seinen Segen wieder segnet.«[139]

Die Geschäftslogik des Gebens und Nehmens im zwischenmenschlichen Kontakt mißfällt Alcest, dem »die Schmeichler, stets zum Liebesgruß bereit,« zuwider sind. Ihr Gehabe ist für ihn eine Art von Prostitution. Schon Montaigne beklagte sich über die französische Form der Begrüßung, die den Kuß herabsetze und seine Anmut zunichte mache.[140] Und derselbe geistreiche Mann wie oben stellte fest: »Der Kuß, der in der Türkei, in Italien und in Spanien der Anfang des Ehebruchs ist, ist in Paris nichts als eine Höflichkeit.« Auch Mathurin Régnier (1573–1613) prangert in seinen Satiren allzu überschwengliche Küsse an: »Er wandte sich mir zu / warf mir dünkelhaft die Arme um den Hals / und küßte mich sanft wie ein Weib auf die Wange.«[141]

In *Über den Umgang mit Menschen* geißelt Freiherr von Knigge Ende des 18. Jahrhunderts die übertriebene Zurschaustellung von Gefühl. Im Verlauf der Domestizierung des Körpers, die Norbert Elias als »Prozeß der Zivilisation« beschreibt, nahm der direkte Körperkontakt mehr und mehr ab, und der Umgang wurde zunehmend reservierter. So wurde auch der Kuß zu einem Merkmal von Vertrautheit und Privatsphäre. »Reiche nicht Jedem Deine rechte Hand dar! Umarme nicht Jeden! Drücke nicht Jeden an Dein Herz! Was bewahrst Du den Bessern und Geliebten auf, und wer wird Deinen Freundschafts-Bezeugungen trauen, ihnen Werth beylegen, wenn Du so verschwenderisch in Austheilung derselben bist?«[142]

Für den, der liebt, ist die Liebe überall, und alles übt eine magische Anziehungskraft aus, die von der geliebten Person auszugehen scheint. Schon in der Antike, also lange vor der okkultistischen Weltsicht der Renaissance, vor Franz Anton Mesmer und vor dem Surrealismus, galt die Macht der Liebe als universelle Kraft. So schrieb Achilleus Tatios in *Leukippe und Kleitophon*:

> Und Satyros, der die Absicht meiner Rede schnell durchschaute, sagte, damit ich noch mehr über dieses Thema zu reden hätte: »Hat denn Eros solche Macht, daß er mit seinem Feuer sogar Vögel entflammen kann?« »Nicht nur Vögel«, erwiderte ich. »Dies wäre ja nicht weiter erstaunlich, da er ja selbst ebenfalls Flügel hat. Sondern auch Reptilien und Bäume und, wie ich wenigstens glaube, sogar Steine. Jedenfalls liebt der Magnetstein

das Eisen: wenn er es nur sieht und berührt, zieht er es an, als ob er in sich das Feuer der Liebe hätte. Und ist das etwa nicht der Kuß des Steins, der liebt, und des Eisens, der geliebt wird?«[143]

Verliebten reicht der kleinste Vorwand, um einander zu berühren. So trinken sie mit Vorliebe aus ein- und demselben Glas, damit ihre Lippen die Stelle berühren, von der schon der andere getrunken hat. Der Roman von Achilleus Tatios ist reich an solchen Winkelzügen. Beim Abendessen sitzt Kleitophon Leukippe gegenüber, in die er verliebt ist. Satyros, ein hilfsbereiter Freund, vertauscht die Gläser, damit beide aus dem Glas ihres Angebeteten trinken können:

Ich achtete auf die Stelle des Bechers, an dem das Mädchen zum Trinken seine Lippen angelegt hatte, und führte die meinen, als ich trank, an dieselbe Stelle, so daß ich dies zu einem Kuß machte, den ich ihr schickte, und zugleich küßte ich den Becher. Als sie das sah, erkannte sie, daß ich bereit war, sogar den Schatten ihrer Lippen zu küssen. Als aber Satyros die Becher einsammelte, vertauschte er sie und noch einmal. Und nun konnte ich bereits beobachten, wie das Mädchen meinem Vorbild nacheiferte und an derselben Stelle trank wie ich, und das freute mich noch mehr.[144]

Die Szene wiederholt sich im Verlauf des Tages mehrmals: »Und dies geschah ein drittes und ein viertes Mal, und für den Rest des Tages tranken wir uns so gegenseitig die Küsse zu.«

Zum Abschluß wäre eine weitere List zu nennen, auf die oft zurückgegriffen wird und die ich einmal salopp »den Trick mit der Biene« nennen möchte. Sie eröffnet Achilleus' Roman. Kleitophon beobachtet, wie Kleio, die von einer Biene in die Hand gestochen worden ist, von Leukippe zärtlich umsorgt wird: Diese eilt herbei, tröstet sie und murmelt Zaubersprüche, um den Schmerz zu lindern. Daraufhin gibt unser Held vor, in die Lippe gestochen worden zu sein. Gutgläubig nähert Leukippe ihren Mund dem Klitophons, um den Zauberspruch aufzusagen, und berührt seine Lippen leicht mit den ihren. »Und ich küßte sie lautlos, das Schmatzen der Küsse unterdrückend, sie aber, indem sie im Gemurmel des Zauberspruchs ihr Lippen öffnete und schloß, verwandelte den Zauberspruch in eine Serie von Küssen.« Doch diese Küsse verschlimmern die Pein nur, statt sie zu lindern: »Ach Liebste, ich bin schon wieder verwundet und diesmal schwerer; denn zum Herzen ist die Wunde geströmt und verlangt nach deinem Zauberspruch. Ich glaube, auch du trägst eine Biene auf den Lippen; dein Mund ist ja voll Honig, und deine Küsse verwunden!«

Doch ein Kuß kann auch aus Arglist gegeben werden. In diesem Fall dient er dazu Haß, Gier und Rachsucht zu verbergen. Das zweite Buch Samuel (20, 8–10) schildert einen solchen Kuß ganz im Geist des Alten Testaments. »Joab sagte zu Amasa: Geht es dir gut, mein Bruder? und griff mit der rechten Hand nach dem Bart Amasas, um ihn zu küssen. Amasa aber achtete nicht auf das Schwert, das Joab in der (linken) Hand hatte, und Joab stieß es ihm in den Bauch, so daß seine Eingeweide zu Boden quollen.«

Auch andere Küsse, die einem Verrat gleichkamen, sind zu trauriger Berühmtheit gelangt: Man denke nur an Julius Cäsar, Desdemona und andere. Der bekannteste ist sicherlich der Judaskuß. »Ich sage euch: Einer von euch wird mich verraten und ausliefern«, verkündet Jesus seinen Jüngern (Matthäus 26, 21). Und tatsächlich, einer seiner Jünger verkauft ihn für dreißig Silberlinge an die Hohepriester und trifft folgende Abmachung mit ihnen: »Der, den ich küssen werde, der ist es; nehmt ihn fest.« (Matthäus 26, 48) Der Kuß ist das verabredete Zeichen, durch das der Verrat vollzogen wird. Giotto di

Bondone verewigte diese Szene in einem Fresko, auf dem Judas Jesus in seinen Mantel hüllt, als nähme er ihn in einem Netz gefangen. Judas' Gesicht ist animalisch, mit dicken Lippen, die zum tödlichen Kuß gespitzt sind. Die Mafia hat diesen finsteren Brauch übernommen: Wenn jemand einen Verrat begangen hat, bekommt er einen Kuß, durch den er von seinem Schuldspruch erfährt.

Doch lassen wir Arglist und Verrat beiseite. Der Kuß ist eine Liebkosung, der Madame de La Sablière zufolge mehr versprechen sollte, als sie hält. Für manch einen liegt der Reiz des Kusses hauptsächlich in der frohen Erwartung. So schreibt Daniele Del Giudice: »Es war ein sehr langer und sehr zarter Kuß, wie alle Küsse, auf die man den ganzen Nachmittag gewartet hat und auf die man nicht mehr zu hoffen wagte.«[145]

Lassen wir dem Dichter das letzte Wort:

Wenn deine Lippen vielleicht schon vom Weiten
jenem, der in mir sich bergen muß,
seine unendliche Stillung bereiten
endlich in dem nährenden Kuß,
eile mir nicht zum Vollzuge, dem zarten,
Süße, drin Sein und Nichtsein stritt,
denn ich lebte vom Dich-Erwarten,
und mein Herz war nichts als dein Schritt. [146]

# Anmerkungen

Die Übersetzerin dankt Sophie Wölbling für ihre engagierte Mitarbeit und Recherche.

**1** Paul Verlaine: »Il bacio«, in: *Gedichte*, aus dem Französischen von Hannelise Hinderberger, Köln 1967, S. 59.

**2** Der Psychoanalytiker Charles Melman im Vorwort zu Francesco Patrizi: *Du baiser*, Paris 2002, S. 9. Das Original von Francesco Patrizi erschien 1577 unter dem Titel *Il Delfino overo del bacio*.

**3** Edgar Morin: *Der Geist der Zeit. Versuch über die Massenkultur*, aus dem Französischen von Margaret Carroux, Köln 1965.

**4** Peter Pan fällt es schwer, zwischen einem Kuß und einem Stich zu unterscheiden: »Außerdem sagte sie, daß sie ihm einen Kuß geben würde, wenn er wollte, aber Peter wußte nicht, was sie meinte, und hielt erwartungsvoll die Hand auf. ›Aber du weißt doch, was ein Kuß ist?‹, fragte sie verdutzt. ›Das weiß ich, wenn du mir einen gibst‹, sagte er steif, und weil sie ihn nicht kränken wollte, gab sie ihm einen Fingerhut.« (James M. Barrie: *Peter Pan*, aus dem Englischen von Bernd Wilms, Hamburg 1988, S. 37)

**5** Ein Kuß kann Leben schenken (viele Kinder glauben, man könne vom Küssen schwanger werden) oder tödlich sein (man denke nur an den Kuß der Salome oder an die Literatur der Dekadenz, für die der Kuß ein unheilvolles Gemisch aus infektiösem Speichel und tödlichem Auswurf war).

**6** Philippe Sollers: *Une vie divine*, Paris 2006.

**7** Paul d'Enjoy: »Le baiser en Europe et en Chine«, in: *Bulletin de la Société d'anthropologie*, IVe série, VIII (1897), S. 181–182.

**8** Edward Twitchell Hall: *Die Sprache des Raumes*, Düsseldorf 1976.

**9** V. G. Bogoraz: *The Chukchee*, New York 1904–09.

**10** Marcel Proust: *Jean Santeuil*, Bd. 2, aus dem Französischen von Eva Rechel-Mertens, Frankfurt am Main 1965, S. 351.

**11** Alain Corbin: *Pesthauch und Blütenduft. Eine Geschichte des Geruchs*, aus dem Französischen von Grete Osterwald, Berlin 2005.

**12** Der *Domostroi* wurde im 16. Jahrhundert in Nowgorod verfaßt. Als Sammlung von Lebensregeln und Vorschriften beschreibt er vor allem die Sprache und das Alltagsleben der Bojaren (Adligen) und Kaufleute.

**13** *Altrussisches Hausbuch »Domostroi«*, aus dem Altrussischen übertragen und mit einem Nachwort versehen von Klaus Müller, Leipzig/Weimar 1987, S. 15.

**14** Taibout de Marigny reiste 1818 nach Tscherkessien. Sein Reisebericht erschien 1821 in Brüssel unter dem Titel *Voyage en Tcherkessie fait en 1818* (Reise nach Tscherkessien im Jahre 1818).

**15** Bion von Smyrna: »Der Tod des Adonis«, aus dem Altgriechischen von F. Gedike, in: *Berlinische Monatsschrift*, 2/1783, S. 135–142.

**16** Properz: *Elegien*, aus dem Lateinischen von Wilhelm Willige, München 1950, S. 79.

**17** Zumindest zu ihrer Zeit, denn einige Jahrhunderte früher galten die Engländer als Meister im Küssen. So schreibt Erasmus von Rotterdam in seinen Briefen: »Es gibt hier Nymphen mit göttlichem Antlitz, reizend, gefällig; Du würdest sie leicht Deinen Camönen vorziehen. Zudem haben sie hier eine nicht zu preisende Sitte. Wohin Du kommst, jeder begrüßt Dich mit Kuß; wenn Du irgendwo weggehst, mit Abschiedskuß wirst Du entlassen. Kommst Du wieder, tut man Dir Liebes, kommt zu Dir, gibt Dir Gutes zu trinken; verläßt man Dich, werden Küsse ausgetauscht; trifft man sich irgendwo, gibt's Küsse mehr als genug.« (Erasmus von Rotterdam: *Briefe*, aus dem Lateinischen von Walther Köhler, Darmstadt 1995, Brief 26, S. 37.)

**18** »Die Franzosen sind ohne Zweifel Europas absolute Meisterküsser; das zeigt sich nicht nur daran, daß der Kuß eine zentrale Rolle im Alltag der Franzosen spielt, sondern auch an ihrem enormen Interesse an dem Thema. Es ist kein Zufall, daß die berühmtesten Skulpturen, die diesem Thema gewidmet sind – Rodins *Kuß* und Brancusis *Kuß* – beide in Paris entstanden sind. Die Franzosen sollen auch die Erfinder des Zungenkusses sein, jedenfalls behaupten das die Briten, die die Praktik als *French kissing* bezeichnen.« (Peter Collett: *Der Europäer als solcher ... ist unterschiedlich. Verhalten, Körpersprache, Etikette*, aus dem Englischen von Maren Klostermann, Hamburg 1994, S. 116.

**19** Michel de Montaigne: *Essais*, 3. Buch, Kapitel 5, aus dem Französischen von Hans Stilett, Frankfurt am Main 1998, S. 441.

**20** Homer: *Odyssee*, aus dem Altgriechischen von Anton Weiher, Düsseldorf/ Zürich 2000, 16. Gesang, Vers 14–15, S. 169.

**21** Theophrast: *Charakterbilder*, aus dem Altgriechischen von Horst Rüdiger, Bremen 1949, S. 39.

**22** Antoine de Courtin: *Nouveau traité de Civilité qui se pratique en France, et ailleurs, parmi les honnêtes gens*, 1. Auflage 1671.

**23** Pierre Carlet de Marivaux: *Die Streitfrage*, aus dem Französischen von Gerda Scheffel, Köln 1988, S. 7.

**24** Pierre Carlet de Marivaux: *Das Leben der Marianne*, aus dem Französischen von Paul Baudisch, München 1968, S. 73.

**25** Die Preziösen waren gebildete Damen der Pariser Aristokratie, die in der 1. Hälfte des 17. Jahrhunderts literarische Salons führten. Molière verspottete die Auswüchse dieses Phänomens in seiner Komödie *Die lächerlichen Preziösen*.

**26** Molière: *Die Schule der Frauen*, aus dem Französischen von Hans Weigel, Zürich 1964, S. 39.

**27** Jean Cocteau: *Meine Reise um die Welt in 80 Tagen*, aus dem Französischen von Friedrich Hagen, Leipzig 1991, S. 130.

**28** Bronislaw Malinowski: *Das Geschlechtsleben der Wilden in Nordwest-Melanesien*, Eschborn 2005. Original von 1929.

**29** Yannick Carré: *Le baiser sur la bouche au Moyen Age. Rites, symboles, mentalités, XIe – XVe siècles*, Paris 1992.

**30** Herodot: *Historien*, 1. Buch, aus dem Altgriechischen von Josef Feix, München 1963, S. 129.

**31** Guillaume Durand: *Rationale divinorum oliciorum* (1286), 2. Buch, Kapitel 10, § 13, zit. nach Yannick Carré: *op. cit.*, S. 29–30.

**32** Siehe hierzu Alain Montandon: *Désirs d'hospitalité. De Homère à Kafka*, Paris 2002, S. 127–151.

**33** Zit. nach Yannick Carré: *op. cit.*, S. 105.

**34** So rief eine Predigt die Gläubigen zu Wachsamkeit auf: »Trotz der Interpretation, die besagt, ein Priester, der eine Frau küsse, tue dies nur, um sie zu segnen, kann man guten Gewissens davon ausgehen, daß der Kuß möglicherweise nur das Vorspiel zu einem ganz anderen Mysterium ist, vor allem, wenn sie allein sind und sich an einem verdächtigen Ort aufhalten.«

**35** Thomas von Cantimpré: *Vie de sainte Lutgarde*, zit. nach Yannick Carré: *op. cit.*, S. 112.

**36** Hippolyt von Rom: *Traditio Apostolica = Apostolische Überlieferung*, aus dem Lateinischen von Wilhelm Geerlings, in: *Didache = Zwölf-Apostel-Lehre. Traditio Apostolica = Apostolische Überlieferung*, Freiburg/Basel 1991, S. 251.

**37** Makarios III., der Patriarch von Antiochia, der im 17. Jahrhundert Rußland bereiste, schildert das orthodoxe Osterfest mit folgenden Worten: »Alle Gläubigen traten dem Brauch gemäß vor und verneigten sich vor dem Kreuz, dem Evangelium und der Ikone, die die Priester in den Händen hielten, und sie küßten diese auch auf den Mund und übergaben ihnen ein rotes Ei. Erst die Kinder und erwachsenen Männer, dann die Frauen und jungen Mädchen jeglichen Standes, von der vornehmsten Dame bis zur gemeinsten Magd. Meine Wangen brannten vor Scham, als die Frauen und jungen Mädchen die Priester auf den Mund küßten, und auch die Priester sie küßten und ›Christus ist auferstanden‹ sagten, woraufhin diejenigen, die nicht zum Klerus gehörten, und die Frauen antworteten: ›Er ist wahrhaftig auferstanden.‹ Die Frauen küßten die Priester ohne jedes Schamgefühl auf den Mund. Als ich das sah, war ich recht erstaunt.« (Paul von Aleppo: *Voyage en Russie de Macarias, patriarche d'Antioche, au milieu du XVIIe siècle*, Moskau 1898.)

**38** Siehe auch: Rom 16, 16; 2. Kor. 13, 12; 1. Pet. 5, 14.

**39** Cyrill von Jerusalem: *Mystagogicae catecheses. Mystagogische Katechesen*, aus dem Griechischen von Georg Röwekamp, Freiburg 1992, S. 147.

**40** »In den meisten Fällen ist nur der Mund, sind nur die Lippen am Werk. Ist es das, was der Herr von uns verlangt? Nein! Er befiehlt uns, unseren Nächsten mit der Seele zu küssen und mit dem Herzen zu umfangen. Nur das ist ein wahrer Kuß. Die andere Art des Kusses ist hingegen nichts als scheinheiliger Trug.« (Johannes Chrysostomos: *De compunctione*, um 393 n. Chr.)

**41** Jean-Claude Schmitt: *Die Logik der Gesten im europäischen Mittelalter*, Stuttgart 1992.

**42** Dieser erotische Mystizismus (oder auch mystische Erotizismus) geht mitunter bis hin zu Lustgefühlen bei der Aussprache gewisser Wörter und Namen. So war es dem Geistlichen Gautier de Coincy eine Freude, den Namen Marias im Mund zu führen: »Sobald die Zunge ihn berührt, können das Herz, die Lippen und der Mund nicht anders, als ihn zu kauen wie eine Gewürznelke.« Dabei schmeckt er die Jungfrau höchstselbst, die »Honigsüße«, die »Köstliche«. »Wer es sich auf der Zunge zergehen läßt [das Wort Maria], empfindet solch eine Wonne, daß sein Herz ganz trunken davon wird.« (Gautier de Coincy: *Les Miracles de la Sainte Vierge*, zit. nach Yannick Carré: *op. cit.*, S. 236). Dies ist jedoch nicht nur für die Mystiker charakteristisch, sondern auch für viele Dichter, die ihre Sprache mit Leidenschaft und Wollust liebkosen.

**43** Martine Mourier/Jean-Luc Tournier: *Kleines Kuß-Lexikon*, aus dem Französischen von Wiltrud Weber und Dr. Theo Scherrer, München 1985, S. 13.

**44** F. Scott Fitzgerald: *The crack-up. With other uncollected pieces, note-books and unpublished letters*. London 1945, S. 127/128.

**45** Alfred de Musset: *Bekenntnisse eines Kindes seiner Zeit*, aus dem Französischen von Mario Spiro, München 1980, S. 148.

**46** Achilleus Tatios: *Leukippe und Kleitophon*, 2. Buch, aus dem Altgriechischen von Karl Plepelits, Stuttgart 1980, S. 111–113.

**47** Baldassare Castiglione: *Das Buch vom Hofmann*, 4. Buch, aus dem Italienischen von Fritz Baumgart, Bremen 1959, S. 387.

**48** Marcel Proust: *Auf der Suche nach der verlorenen Zeit. Die Gefangene*, aus dem Französischen von Eva Rechel-Mertens, Frankfurt am Main 1983, S. 8.

**49** Marcel Proust: *Auf der Suche nach der verlorenen Zeit. In Swanns Welt*, aus dem Französischen von Eva Rechel-Mertens, Frankfurt am Main 1997, S. 22.

**50** Gabriele d'Annunzio: *Vielleicht, vielleicht auch nicht*, aus dem Italienischen von Karl Vollmöller (1910), München 1989, S. 35–36.

**51** Théophile Gautier: *Gesammelte Werke. Mademoiselle de Maupin*, Band 7, aus dem Französischen von Alastair, Hellerau 1926, S. 108.

**52** Théophile Gautier: *Gesammelte Werke. Fortunio*, Band 8, aus dem Französischen von Gabrielle Betz, Hellerau 1926, S. 256.

**53** Théophile Gautier: *Die verliebte Tote*, Wien 1923, S. 60–61.

**54** Den Kuß als Schöpfungsakt rühmt auch Alfred de Musset:
»DIE MUSE: Nimm deine Leier und küß mich, Poet, / Heckenrosen fühlen die

Knospen schon drängen. / Heut nacht wird Frühling, / es wollen sich Winde versengen, / es will sich die Bachstelze, die auf das Morgenrot späht, / schon an die ersten grünenden Büsche hängen. / Nimm deine Leier und küß mich, Poet.« (Alfred de Musset: »Die Mainacht«, aus dem Französischen von Alfred Neumann, in: *Gesammelte Werke. Fünfter Band: Gedichte und Biographie,* München 1925, S. 84.) In diesem Fall küßt der Dichter die Muse, die Quelle seiner Inspiration. Daraufhin öffnet sie ihm das Reich der Träume und der Phantasie. Hier ist es also der Kuß, der ein Gedicht gebiert.

**55**  Catull: *Sämtliche Gedichte*, aus dem Lateinischen von Carl Fischer, Frankfurt am Main 1995, S. 190–193.

**56**  George Sand: *Geschichte meines Lebens*, 4. Band, aus dem Französischen von Claire Glümer, Leipzig 1863, S. 145–146.

**57**  Samuel Beckett: *Malone stirbt*, aus dem Französischen von Elmar Tophoven, Frankfurt am Main 1958, S. 184–185.

**58**  Jean Richepin: *Les Caresses*, Paris 1877, S. 93.

**59**  Paul Adam: *Le Troupeau de Clarisse*, Paris 1877, S. 93.

**60**  Camille Lemonnier: *L'homme en amour*, Paris 1897, S. 135–136.

**61**  René Maizeroy: *Sur l'amour et sur le baiser*, Paris 1894.

**62**  Octave Mirbeau: *Tagebuch einer Kammerzofe*, aus dem Französischen von Barbara Kloeß, Bremen 1965, S. 135–137.

**63**  Mario Praz: *Liebe, Tod und Teufel. Die schwarze Romantik*, aus dem Italienischen von Lisa Rüdiger, München 1963.

**64**  Octave Mirbeau: *Tagebuch einer Kammerzofe*, S. 139.

**65**  Joséphin Péladan: *Das Weib des Künstlers,* aus dem Französischen von Emil Schering, München 1923. Dieses Zitat aus dem 3. Buch, 1. Kapitel »Priestertum der Leidenschaft« erscheint in der deutschen Ausgabe nicht.

**66**  Jean-Jacques Rousseau: *Die neue Heloise. Briefe zweier Liebenden in einem Städtchen am Fuße der Alpen,* Potsdam 1920, S. 48.

**67**  Ebd., S. 47.

**68**  Honoré-Gabriel Riqueti Comte de Mirabeau: *Der Blick hinter den Vorhang oder Lauras Erziehung*, aus dem Französischen von Petra-Susanne Räbel, München 2002, S. 23.

**69**  Ugo Foscolo: *Letzte Briefe des Jacopo Ortis*, aus dem Italienischen von F. Lautsch (1847), durchgesehen von Hanno Helbling, München 1989, S. 83.

**70**  Longos: *Daphnis und Chloë*, aus dem Altgriechischen von Friedrich Jacobs Düsseldorf, Zürich 2002, S. 18–19.

**71**  Victor Hugo: *Lucretia Borgia*, aus dem Französischen von Georg Büchner, Frankfurt am Main 1835, S. 83.

**72**  Honoré de Balzac: *Das Chagrinleder*, aus dem Französischen von H. Denhardt, Leipzig 1919, S. 241.

**73**  Machado de Assis: *Dom Casmurro*, aus dem Brasilianischen von Harry Kaufmann, Frankfurt am Main 1980, S. 75–76.

**74**  Catull: *Sämtliche Gedichte*, aus dem Lateinischen von Carl Fischer, Frankfurt am Main 1995, S. 17.

**75**  Ronsard: *Odes*, 1553.

**76**  Ronsard: *Sonnets pour Hélène*, 1578.

**77**  Louise Labé: *Das lyrische Gesamtwerk*, aus dem Französischen von Franz von Rexroth, Wiesbaden 1957, S. 75.

**78**  Ronsard: *Sonnets pour Hélène*, 1578.

**79**  Johann Wilhelm Ludwig Gleim: »Abschied von Chloris«, in: *Ausgewählte Werke*, Göttingen 2003, S. 42.

**80**  Søren Kierkegaard: *Tagebuch des Verführers*, aus dem Dänischen von Heinrich Fausteck, Düsseldorf 2004.

**81**  Jean Paul: *Werke. Sechster Teil: Leben Fibels*. Berlin/Leipzig 1908, S. 62.

**82**  Victor Hugo: *Die Elenden*, aus dem Französischen von Hugo Meier, Zürich 1993, S. 1012.

**83**  Victor Hugo: *Der lachende Mann,* aus dem Französischen von Carl Johann Perl, Bergisch Gladbach 1999, S. 365.

**84**  Jacques Derrida: *Die Postkarte. Von Sokrates bis an Freud und jenseits*, Berlin 1987.

**85**  Franz Kafka: *Briefe an Milena*. Frankfurt am Main 1983, S. 302.

**86**  Marivaux: *Pharsamons Abentheuer. Im Geschmacke des Don Quixote*, 1. Band, Altona 1793, S. 354–357.

**87**  Junges Mädchen, das jemandem vom Fenster aus eine Kußhand zuwirft und dabei die Blumen abknickt.

**88**  Die Kußhand.

**89**  Denis Diderot: *Ästhetische Schriften*, 2. Band, aus dem Französischen von Friedrich Bassenge und Theodor Lücke, Frankfurt am Main 1968. Diese Passage aus dem Kapitel »Aus dem Salon von 1769« erscheint in der deutschen Ausgabe nicht.

**90**  Emile Zola: *Die Beute*, aus dem Französischen von Arnim Schwarz, überarbeitet von Annalisa Viviani, Düsseldorf/Zürich 1998, S. 302.

**91**  Théophile Gautier: »Eine Nacht der Kleopatra«, aus dem Französischen von Gabrielle Betz, in: *Romane und Erzählungen*. Wiesbaden 2003, S. 378.

**92**  Théophile Gautier: *Gesammelte Werke. Band 7: Mademoiselle de Maupin*, aus dem Französischen von Alastair, Hellerau 1926, S. 100–101.

**93**  Ebd., S. 105.

**94**  Wolfgang Borchert: *Das Gesamtwerk,* Hamburg 1959, S. 13.

**95**  Haruki Murakami: *Hard-boiled Wonderland und das Ende der Welt*, aus dem Japanischen von Annelie Ortmanns und Jürgen Stalph, Frankfurt am Main 1995, S. 270–271.

**96**  Yukio Mishima: *Une matinée d'amour pur*, Paris 2003, S. 236–237.

**97** Fernando Namora: *Der traurige Fluß*, aus dem Portugiesischen von Hans Erlewein, München 1985, S. 6–7.

**98** Sören Kierkegaard: *Tagebuch des Verführers*, aus dem Dänischen von Heinrich Fausteck, Düsseldorf 2004, S. 139–140.

**99** Honoré de Balzac: *Die Frau von dreißig Jahren*, aus dem Französischen von H. Lachmann, Essen 1999, S. 39.

**100** Francesco Patrizi: *Il Delfino overo del bacio*, 1577.

**101** Gustave Flaubert: *Bouvard und Pécuchet*, aus dem Französischen von Georg Goyert, Düsseldorf 1957, S. 231.

**102** Gustave Flaubert: *November*, aus dem Französischen von Georg Goyert, Heidelberg 1947, S. 78.

**103** Honoré de Balzac: *Die Lilie im Tal*, aus dem Französischen von René Schickele, Leipzig 1910, S. 24–25.

**104** Ebd., S. 25–26.

**105** Siehe die Interpretation des französischen Literaturwissenschaftlers François Kerlouégan: *Ce fatal excès du désir. Poétique du corps romantique*, Paris 2005.

**106** Die Verse stammen aus dem Gedicht »Hymnes du bréviaire. Propre des saints«, in: Corneille: *Œuvres complètes*, Paris 1963, S. 1098.

**107** Théophile Gautier: »Das goldene Vlies«, aus dem Französischen von Gabrielle Betz, in: *Romane und Erzählungen*, Wiesbaden 2003, S. 392.

**118** Théophile Gautier: »Der Mumienfuß«, aus dem Französischen von Alastair, in: *Romane und Erzählungen*, Wiesbaden 2003, S. 412.

**109** Marguerite Duras: *Der Mann im Flur*, aus dem Französischen von Elmar Tophoven, Berlin 1988, S. 16.

**110** Guillaume Apollinaire: »Die neun Tore deines Lebens«, aus dem Französischen von Lothar Klünner, in: *Poetische Werke. Œuvres Poétiques*, Neuwied/ Berlin 1969, S. 367.

**111** Pierre Louÿs: »Les Nymphes«, in: *Œuvres complètes*, Paris 1930.

**112** Théophile Gautier: *Gesammelte Werke. Band 7: Mademoiselle de Maupin*, aus dem Französischen von Alastair, Hellerau 1926, S. 152.

**113** Émile Zola: *Magdalene*, aus dem Französischen von C. von Walden, Dresden 1892, S. 130.

**114** Valéry Larbaud: »Die blau-weiße Närrin«, in: *Glückliche Liebende*, aus dem Französischen von Nino Erné, Wiesbaden 1955, S. 130.

**115** Maurice Maeterlinck: *Aglavaine und Selysette. Trauerspiel in fünf Aufzügen*, aus dem Französischen von Claudine Funck-Brentano, Leipzig 1904, S. 30.

**116** Hugo von Hofmannsthal: »Erlebnis des Marschalls von Bassompierre«, in: *Erzählungen. Erfundene Gespräche und Briefe. Reisen*, Frankfurt a. Main 1979, S. 134.

**117** Ioana Galleron Marasescu: »Le baiser transport dans la fiction en prose de la première moitié du XVIIIe siècle«, in: Alain Montandon (Hrsg.): *Les baisers* *des lumières*, Clermont-Ferrand 2004, S. 31–42.

**118** Dante Alighieri: *Die Göttliche Komödie*, aus dem Italienischen von Wilhelm G. Hertz, München 2001, S. 28–29.

**119** Robert Walser: »Aus der Phantasie«, in: *Fritz Kochers Aufsätze. Geschichten. Aufsätze*, Genf/Hamburg 1972, S. 26.

**120** Robert Walser: »Der Kuß I«, in: *Prosa*, Berlin/Frankfurt am Main 1960, S. 116–117.

**121** Vivant Denon: *Nur diese Nacht*, Frankfurt am Main 1997, S. 19.

**122** Robert Darnton, Jean-Charles Gervaise de Latouche, Jean Baptiste d'Argens: *Denkende Wollust. Die Geschichte des Dom Bougre, Pförtner der Kartäuser. Thérèse philosophe oder Memoiren zu Ehren der Geschichte von Pater Dirrag und Mademoiselle Eradice*, Frankfurt am Main 1996, S. 126/127.

**123** Siehe http://www.recordholders.org/de/records/kiss.html

**124** Petronius: *Satyrica. Schelmengeschichten*, aus dem Lateinischen von Konrad Müller und Wilhelm Ehlers, München 1978, S. 311.

**125** Dieses Fragment ist nicht ins Deutsche übersetzt.

**126** Ovid: *Liebeskunst. Ars amatoria*, aus dem Lateinischen von Niklas Holzberg, München/Zürich 1991, S. 53.

**127** Jean Paul: *Titan*, XIX. Jobelperiode, 85. Zykel, 1802.

**128** Francesco Patrizi: *Il Delfino overo del bacio*, 1577.

**129** Platon: *Sämtliche Werke in drei Bänden*, aus dem Altgriechischen von Lorenz Straub, Heidelberg 1982, S. 779.

**130** Aulus Gellius: *Die attischen Nächte*, 2. Band, aus dem Lateinischen von Fritz Weiß, Darmstadt 1981, S. 458–495.

**131** Achilleus Tatios: *Leukippe und Kleitophon*, aus dem Altgriechischen von Karl Plepelits, Stuttgart 1980, S. 94.

**132** Baldassare Castiglione: *Das Buch vom Hofmann*, aus dem Italienischen von Fritz Baumgart, Bremen 1959, S. 401–402.

**133** Petronius: *Satyrica. Schelmengeschichten*, aus dem Lateinischen von Konrad Müller und Wilhelm Ehlers, München 1978, S. 311.

**134** Albert Samain: *Au jardin de l'infante*, 1893.

**135** Théophile Gautier: »Melancholia«, in: *Poésies complètes*, 2. Band, Paris 1880, S. 89.

**136** Victor Hugo: *Das Teufelsschiff*, aus dem Französischen von Hans Kauders, Zürich 1987, S. 422.

**137** Nach: Ernst Robert Curtius: *Frankreich. Erster Band: Die französische Kultur. Eine Einführung*, Stuttgart/Berlin 1931, S. 194.

**138** »Er umarmt einen Menschen, der ihm unter die Hand gerät und drückt seinen Kopf an seine Brust; dann fragt er, wen er eben umarmt hat.« Jean de la Bruyère: *Charaktere*, 2. Band, aus dem Französischen von Otto Flake, Wiesbaden 1979, S. 20.

**139** Molière: *Dramen in drei Bänden*. Band 1: *Tartüff, Der Misanthrop, Der Geizige*, aus dem Französischen von Ludwig Fulda, Urach: Port Verlag 1948.

**140** Vgl. Montaigne: *Essais*, 3. Buch, Kapitel 5, aus dem Französischen von Hans Stilett, Frankfurt am Main 1998, S. 441.

**141** Mathurin Régnier: »A M. l'abbé de Beaulieu, nommé par sa majesté à l'evesché du Mans«, in: *Œuvres complètes*, Paris 1954, S. 68.

**142** Adolph Freiherr von Knigge: *Sämtliche Werke. Band 10: Über den Umgang mit Menschen*, 1. Teil, Nendeln/Liechtenstein 1978, S. 60.

**143** Achilleus Tatios: *Leukippe und Kleitophon*, 1. Buch, aus dem Altgriechischen von Karl Plepelits, Stuttgart 1980, S. 88.

**144** Achilleus Tatios: *Leukippe und Kleitophon*, 2. Buch, S. 94.

**145** Daniele Del Giudice: *Der Atlas des Westens*, aus dem Italienischen von Karin Fleischanderl, München/Wien 1987, S. 159.

**146** Paul Valéry: *Gedichte*, aus dem Französischen von Rainer Maria Rilke, Frankfurt am Main 1988, S. 65.

# Das Leben und die Liebe –
## Lesen Sie weiter

### Vatsyayana   Kamasutra

Wendy Doniger und Sudhir Kakar präsentieren in ihrer Neu-
übersetzung das Kamasutra als psychologischen Unabhängig-
keitskrieg für die Frau, der vor rund zweitausend Jahren in In-
dien stattfand.

*»Frauen, Männer: lest das Kamasutra!«*      Luzia Braun, ZDF aspekte

Aus dem Englischen von Robin Cackett. Neu übersetzt und kommentiert und
mit einem Vorwort von Wendy Doniger und Sudhir Kakar
Gebunden. 320 Seiten mit vielen farbigen Abbildungen

### Maria Bettetini   Eine kleine Geschichte der Lüge
### Von Odysseus bis Pinocchio

*»Lustvollstes Lesevergnügen! Bettetini führt uns in einen Irrgarten von
antiken philosophischen, märcheneigenen, moralisch-theoretischen und lite-
rarische-geübten Definitionen der Lüge.«*      Eugénie Bott, DIE ZEIT

Aus dem Italienischen von Klaus Ruch
WAT 461. 144 Seiten

### Héctor Abad   Kulinarisches Traktat für traurige Frauen

Ein heiteres und überaus nützliches Brevier, das tropische Sin-
nesfreude mit der Weltklugheit eines ironischen Kosmopoliten
verbindet. Mit praktischen Ratschlägen und Rezepten.

Aus dem kolumbianischen Spanisch von Sabine Giersberg
WAT 546. Kartoniert. 128 Seiten

### Liebe nach Mitternacht   Maßlose Leidenschaft

Schrill und geheimnisvoll verführerisch, gemein und gefährlich,
verrückt und lächerlich, unvorhergesehen und nicht erwünscht
erscheint uns bei freundlichem Tageslicht das, was uns die
Liebe in der Nacht an Überraschungen zumutet.

Vorgeschlagen von Hans-Gerd Koch und Susanne Schüssler.
*SVLTO.* Rotes Leinen. Fadengeheftet. 120 Seiten

## Wieder vereinigt   Neue deutsche Liebesgeschichten

Geschichten, die von der Liebe in Ost und West nach 1989 er-
zählen. Vom schnellen und langsamen Zusammenfinden, von zarten Annäherungen, anstrengenden Affären, glatten Reinfällen.

*»Dem Mann aus der Zone gehört die Zukunft: Er ist besser als sein Ruf!«*

Jana Hensel, DIE ZEIT

Herausgegeben von Margit Knapp
WAT 515. 160 Seiten

## Italienische Liebesgeschichten

Der Band versammelt Erzählungen der bedeutendsten italienischen Autoren der Gegenwart.

*»Heiße Storys für laue Sommernächte, Erotik am laufenden Band – einge-
bunden in glutrotes Leinen.«*   Alexander von Bormann, Der Tagesspiegel

Herausgegeben von Klaus Wagenbach
SVLTO. Rotes Leinen. Fadengeheftet. 128 Seiten

## Wüst ist auch schön!   Französische Liebesgeschichten

Zum Lesen als Trost oder Warnung, als Erinnerung oder Inspiration, als Begleiter in allen Lebens- und Liebeslagen und im
Auto nach Paris.

Zusammengestellt von Ludger Jorißen
SVLTO. Rotes Leinen. Fadengeheftet. 128 Seiten

## Spanische Liebesgeschichten

Erzählungen, in denen sich zeigt, daß auch in Spanien die
Liebe nicht mehr unbedingt auf dem kürzesten Weg ihre Erfüllung findet.

Herausgegeben von Heinrich von Berenberg
SVLTO. Rotes Leinen. Fadengeheftet. 144 Seiten

Wenn Sie mehr über den Verlag oder seine Bücher wissen möchten, schreiben
Sie uns eine Postkarte (mit Anschrift und ggf. e-mail). Wir verschicken immer
im Herbst die *Zwiebel,* unseren Westentaschenalmanach mit Gesamtverzeichnis,
Lesetexten aus den neuen Büchern und Photos. *Kostenlos!*

Verlag Klaus Wagenbach   Emser Straße 40/41   10719 Berlin   www.wagenbach.de